BULLYING EN MÉXICO

Conductas violentas
en niños y adolescentes

PALOMA COBO OCEJO
ROMEO TELLO GARRIDO

Bullying en México

Conductas violentas
en niños y adolescentes

Bullying en México
© Paloma Cobo Ocejo y Romeo Tello Garrido, 2008

Quarzo

D.R. © Editorial Lectorum, S.A. de C.V., 2008
Centeno 79-A, Col. Granjas Esmeralda
C.P. 09810, México, D.F.
Tel.: 55 81 32 02
www.lectorum.com.mx
ventas@lectorum.com.mx

L.D. Books
8313 NW 68 Street
Miami, Florida, 33166
Tel. (305) 406 22 92 / 93
ventas@ldbooks.com

Primera edición: marzo de 2008
ISBN: 978-1505-355291

Introducción

Un motivo de reflexión permanente entre quienes nos dedicamos a la educación (ya sea con los hijos en el hogar o con los alumnos en la escuela) es el relativo a la conducta de los jóvenes. Es muy común escuchar a los padres y a los maestros decir que las nuevas generaciones son más agresivas que las que conocimos en épocas pasadas y que "en nuestros tiempos" no actuábamos con la dureza con que lo hacen los niños y jóvenes de hoy. Pareciera que nuestra convicción de que "cualquier tiempo pasado fue mejor" tarde o temprano se convierte en un argumento cuyo propósito es colocarnos en el lado bueno de la historia, lo que siempre resulta tranquilizador, sobre todo cuando tenemos que erigirnos como jueces de la conducta de los otros, en este caso, de los niños y los adolescentes. Estas expresiones (las más de las veces carentes de una base de reflexión objetiva) suelen provocar alarma y poco nos ayudan a corregir un problema, pues se asumen como conclusión y no como punto de partida para una reflexión cuyo propósito sea el mejoramiento de la conducta.

Por otra parte, existe también la voz amable de quienes prefieren no alarmarse con las diversas manifestaciones de la agresividad infantil y adolescente, partiendo de la idea de que no tenemos por qué asustarnos de los problemas de conducta de los adolescentes si nosotros éramos igualmente destructivos e irreverentes, si las bromas que hacíamos a nuestros compañeros de escuela eran semejantes o incluso más pesadas que las que ahora practican los jóvenes. Con frecuencia hemos notado que detrás de este tipo de aseveraciones también se esconde la convicción de que nosotros, los adultos, realizábamos acciones más intensas, más atrevidas y más irreverentes que las que hoy por hoy ejecutan los adolescentes, cuyas acciones parecen anémicas a la luz de nuestras transgresiones, de las bromas pesadas que llevábamos a cabo con nuestros compañeros, de las batallas campales que se organizaban "en nuestros tiempos" afuera de las escuelas.

Cualquiera de las dos maneras de abordar el problema nos revela una actitud semejante: en ambos casos lo que manifestamos es una conducta autocomplaciente e ineficaz como vía para enfrentar el serio problema social del aumento de la violencia entre los jóvenes, pues parecemos más preocupados por confirmar nuestro papel de jueces y desplazamos a un lugar secundario el análisis y solución del verdadero problema que suscitó nuestras reflexiones.

Quienes esto escribimos creemos que para poder encontrar respuestas pertinentes y realistas para estos problemas, es necesario hacer un análisis objetivo de algunos aspectos que nos ayuden a entender por qué se buscan las conductas violentas como una forma confusa de establecer relaciones sociales, al mismo tiempo que como una vía para construir la propia identidad; asimismo, es importante dar respuesta al porqué los jóvenes se identifican con las actitudes violentas y las convierten en una forma de relación privilegiada, sin atender, la gran mayoría de las veces, a las posibles consecuencias que dichas conductas pueden acarrear.

Por otra parte, los modelos de conducta que difunden los medios de comunicación de masas influyen de manera negativa en los niños y adolescentes que están a la búsqueda de modelos de conducta con los cuales identificarse, es decir, modelos que imitan para adquirir una identidad propia. La televisión posmoderna (y la moral posmoderna que ésta difunde) es responsable de la difusión de una conducta que con ligereza y de manera irresponsable relativiza los contenidos de los espacios, instituciones y conductas que hasta hace algunas décadas funcionaban como puntos de referencia para proponer nuevos conocimientos y modelos culturales a partir del análisis de la cultura de épocas pasadas (remotas o inmediatas); ahora los reflectores se enfocan a lo efímero, la trasgresión, la irreverencia, el sarcasmo, la falta de compromiso social como expresión de la irresponsable dimensión del ser, la violencia como (anti)discurso de la sinrazón.

En este escenario social, en el que la moral se vive a la carta y la satisfacción caprichosa de los intereses propios a costa de lo que sea es lo único que se difunde como exitoso, es claro que valores como el respeto a los demás, la solidaridad o la tolerancia cada vez son más vistos como algo inconveniente por parte de los jóvenes, quienes han crecido frente a un televisor donde la imagen de los educadores se exhibe como el colmo del ridículo y la escuela como un escenario propicio para el abuso y el desorden, y no para el aprendizaje de conocimientos y normas de conducta ejemplares (basta con recordar programas difundidos en la televisión mexicana, en horario familiar, de tan triste memoria como "La escuelita" o "Cero en conducta", en los cuales la imagen del profesor es ejemplo de ridículo y el aula un espacio para la procacidad). Desafortunadamente, como se ha dicho en múltiples ocasiones, no nos queda sino recordar que la televisión puede deshacer en media hora lo que la escuela procura construir en muchas horas de trabajo sistemático.

Si consideramos lo anterior, no debe extrañarnos que en la mayoría de las aulas escolares de nuestro país (y del resto del mundo, nos atrevemos a generalizar), desde hace dos décadas las figuras de liderazgo entre los niños y adolescentes ya no se identifican con el cumplimiento, el orden y la búsqueda de resultados académicos sobresalientes; sino con el desorden, la trampa, la agresividad, la grosería. En los grupos de los años superiores de educación primaria, así como en la secundaria y la preparatoria, los alumnos exitosos no son los "bien portados", sino los que asumen el papel de "malos". Pocos jóvenes en nuestros días quieren ser un *nerd*, un "matado"; nadie quiere parecer obediente y cumplido. Y cabría preguntarnos por qué desearían actuar con corrección los niños y adolescentes, si están creciendo en una sociedad en la que el fraude permanece impune, en la que si la corrupción se denuncia, los corruptos no padecen ninguna consecuencia, en la que las figuras que se mencionan a todas horas en cadena nacional son las que dirigen el crimen organizado (anónimas, ubicuas, pero contundentes).

Todo lo anterior puede parecer una exageración para quien no ha estado en un aula en los últimos años. Pero son manifestaciones de la conducta que se reproducen a diario en nuestras escuelas. Ahora bien, una actitud ingenua nos podría hacer suponer que si esas conductas se reproducen en las escuelas, es porque siempre han existido niños y jóvenes inescrupulosos que han crecido en ambientes familiares deteriorados, o bien en familias en las que las relaciones entre los padres han fracasado. Sin embargo, dicha visión determinista es parcial, injusta y falsa, pues nuestra experiencia nos ha mostrado que en todos los niveles sociales surgen líderes negativos que pertenecen a familias bien estructuradas, en las cuales los principios de convivencia social son claros y positivos. En algunas ocasiones hemos tenido contacto con padres de familia interesados por formar a sus hijos con rectitud y buenos principios y, sin embargo, sus hijos se vuelven hábiles manipuladores de la imagen pública, pues bien pueden ser obedientes, dóciles, amables y respetuosos en el ámbito familiar, mientras que en la escuela representan todo lo contrario: la imagen del desorden, la irreverencia, la grosería y la manipulación.

Si algún lector se pregunta por qué de pronto el tema del *bullying*[1] se ha convertido en una moda,

---

[1] En vista de que no hay una equivalencia precisa en español, pues como veremos a lo largo del libro, la palabra *"bullying"* se refiere al mismo tiempo a actitudes y acciones muy diversas, nos pareció importante utilizar el término inglés (*bullying*)

el apretado análisis que acabamos de presentar ofrece algunas respuestas. De dicho análisis se desprende que entre los jóvenes nadie quiere ser un perdedor, nadie quiere ser débil, o víctima de las burlas de los demás. Pero sí se desarrolla la equívoca convicción de que si se es fuerte se es admirado, si se es hábil para burlarse de otros, o bien, si no se tiene ningún escrúpulo para insultar, amenazar o golpear a quien se deje, es decir, a quien no tenga posibilidad de defenderse, entonces se asumirá una posición relevante frente al grupo. Aunque tenemos que insistir en que no se trata de una moda. Como veremos a lo largo de este libro, el fenómeno del *bullying* y la preocupación en torno a él han existido siempre, sólo que las trágicas consecuencias de los últimos años y el aumento de la agresión entre los niños y los jóvenes han provocado que la atención de los especialistas se dirija con más interés a la reflexión y análisis sobre este tema.

Si un representante de las autoridades escolares le pregunta a un *bully* por qué acosa a sus víctimas, es seguro que éste no sólo no responderá a la pregunta que se le ha formulado, sino que tampoco aceptará ser un *bully* y, en el colmo del cinismo, puede acusar a la autoridad en cuestión de que se le está faltando al respeto y se le está difamando, lo

---

para referirnos a los problemas de acoso (y sus variantes: exclusión, agresión, molestar a otros, encierro, etc.), ya que se trata de un término reconocido mundialmente. En muchos de los autores y libros revisados encontramos que se utiliza como un término que remite con claridad a los significados arriba mencionados. De la misma manera, utilizaremos términos como *bully* (y su plural *bullies*) para referirnos al agresor, y *bullied* para referirnos a la víctima de este tipo particular de agresiones.

que habrá de comentar con sus padres; emitiendo de esta manera una amenaza contra las autoridades.

Pero, si al mismo estudiante se le acercara una guapa conductora de algún canal para jóvenes (por ejemplo MTV, en el que los *clips* musicales, los mensajes, el vocabulario, las ropas que usan quienes ahí trabajan son indicios de una actitud "alivianada"), y le formulara la misma pregunta ("¿Por qué acosas a tus compañeros?"), es probable que se atreviera a contestar cosas como "Porque así es la vida, a veces pegas y a veces te pegan", o bien, "Porque siempre es *chido* tener a alguien a quien estar molestando", "Porque es buena onda hacer que el grupo se ría a costillas de los *nerds*", o, por último, "Porque hay chavos a los que les gusta sufrir, y a mí me gusta complacerlos". Cualquiera de estas respuestas, en ese contexto, será acompañada de carcajadas, no de expresiones de reflexión.

Los rasgos culturales y de carácter aquí descritos explican por qué los acosadores y los acosados abundan; resolver esta situación es un problema que nos atañe a todos los que nos dedicamos a educar a las jóvenes generaciones, tanto en la casa como en las escuelas.

En este libro nos proponemos hacer una breve reflexión sobre la violencia (su historia, sus causas y sus fines), así como un análisis de las diversas circunstancias que generan actitudes violentas entre los jóvenes en nuestra sociedad. Luego de ello particularizaremos en el tema del *bullying*, como una manifestación cotidiana de la violencia entre los jóvenes, conducta que se presenta sobre todo en las escuelas, pero también en todo ambiente en el que convivan niños y adolescentes, o inclusive adultos (tal es el caso del *bullying* laboral —aunque no trataremos este tema en el presente libro).

Por último, haremos algunas sugerencias sobre formas de trabajo con niños y jóvenes que son víctimas del acoso, así como con aquellos que lo ejercen; se trata de un conjunto de consideraciones dirigidas a los padres de familia y a las escuelas. Nuestro trabajo de varios años en contacto con niños y adolescentes nos ha permitido vivir de cerca las situaciones de agresión que cada vez son más vistas como práctica común por los jóvenes y niños; esa misma experiencia es la que nos ha dado la posibilidad de organizar una serie de actividades para enfrentar el fenómeno del *bullying*, las cuales queremos compartir con los lectores.

Capítulo 1

La violencia, sus orígenes, sus causas y sus fines

La violencia no es el triunfo del músculo
ni de la bala. Es la derrota de la cultura.

Santiago Genovés

La agresividad, una constante en la vida animal

Para empezar, es importante destacar que la agresividad no la inventaron las sociedades de las últimas décadas, ni siquiera es patrimonio exclusivo de la cultura de los últimos siglos. Muchos filósofos, sociólogos, antropólogos, y psicólogos reconocen que la agresividad es un ingrediente innato en la conducta de las especies animales, es una forma de la conducta que coadyuva a la supervivencia de los más fuertes, de los más sanos, de los más aptos y, de esta manera, contribuye a garantizar la supervivencia del grupo.

La agresividad es un ingrediente innato en la conducta de las especies animales.

15

Cuando presenciamos la manera como un conjunto de leonas ataca a una manada de ciervos hasta aislar a uno de ellos (normalmente el más débil) para alimentarse y alimentar a sus crías, observamos escenas de gran agresividad; esto mismo ocurre si se trata de un conjunto de lobos que persiguen a un bisonte hasta derribarlo y hacen de la presa una carnicería en la que la sangre, los mordiscos, el desgarramiento de la piel y de los trozos de carne, constituyen imágenes que nos parecen agresivas por la manera como se desarrollan. Pero por más que dichas conductas nos parezcan agresivas, no son impulsadas por el deseo gratuito de causar un daño en los otros, son solamente reacciones instintivas que, como dijimos, tienen como propósito garantizar la preservación de los individuos más aptos, más sanos y más fuertes de la especie.

Es importante señalar que estas conductas de los animales no son violentas en sí mismas, sino que somos los seres humanos quienes las interpretamos así, es decir, "humanizamos" tales conductas pues vemos en ellas la misma ferocidad con que los seres humanos en ocasiones nos perseguimos, nos agredimos, nos lastimamos y llegamos a destruirnos. Lo mismo ocurre cuando observamos los rituales previos al apareamiento de los animales y somos testigos de los enfrentamientos agresivos entre los machos para decidir cuál de ellos habrá de ser el que domine al grupo. Como veremos más adelante, esta conducta animal es muy distinta de la que se presenta entre los seres humanos.

El antropólogo Santiago Genovés (1993) explica en los siguientes términos las diferencias entre los comportamientos agresivos de los seres humanos y los que se presentan en las demás especies animales: "El hombre es el único animal que mata en masa a sus semejantes. ¿Por qué? [...] El tigre, el león, el cocodrilo, el tiburón, el alacrán, la boa, no atacan en el sentido humano de la palabra: *comen*." (pp. 33-34)

En el ensayo *La agresividad humana* (1968), Anthony Storr indica: "Aunque es cierto que los animales se matan entre sí por el alimento, rara vez lo hacen por otra razón distinta. Incluso la relación entre el rapaz y la presa es menos «agresiva» de lo que corrientemente se supone." (p. 48) Páginas adelante agrega:

> Los hombres, con el odio en su corazón, se complacen en prolongar la agonía de víctimas indefensas, y muestran un extremado ingenio para idear torturas que causen el máximo de dolor y entrañen sólo el riesgo mínimo de un final rápido. La relación del animal de presa con su víctima no puede calificarse de sádica, a menos que despojemos al adjetivo de su significado; pues el gozar con el dolor del otro es, hasta donde podemos saber, peculiar de los seres humanos pp. (158-159).

La agresividad humana

Como acabamos de ver, la agresividad es un comportamiento que manifiestan todos los seres vivos, y entre las personas también contribuye a la formación de la identidad y del carácter. No es difícil que escuchemos hablar de "la agresividad con que un tenista ganó un set", de la "táctica agresiva utilizada por un ajedrecista para ganar una partida", o bien, "de una empresa que desarrolla una campaña publicitaria

agresiva para dar a conocer un nuevo producto".
Pero estas formas de agresividad no tienen el
propósito de causar un daño a otros individuos, no
buscan la aniquilación física del otro, cualquiera que
éste sea; tampoco pretenden provocar dolor; simplemente son reflejo de una actitud enérgica orientada a la consecución de una meta, su propósito es
alcanzar un fin satisfactorio para quien ejerce estas
conductas.

La agresividad siempre ha estado presente en el
desarrollo, tanto de los seres humanos, en particular,
como de las sociedades, en general; pero no podemos pasar por alto el hecho de que cada época le
ha conferido rasgos específicos. Es un hecho que
en algunas épocas, o bien en distintas sociedades,
la agresividad ha sido expresada con más violencia
que en otras.

En las comunidades primitivas, el ejercicio de la agresividad respondía a fines rituales. Por ejemplo, nuestra
idea de lo que es civilizado nos obliga a ver el sacrificio de animales y personas como manifestaciones de
una conducta bárbara; sin embargo, sabemos que tales
prácticas tenían un complejo significado ritual, eran
una vía más para que los pueblos pudieran establecer
relación con lo sagrado. Las víctimas del sacrificio no
padecían una violencia gratuita, sacrificarlos era violar
su individualidad en aras de alcanzar fines superiores
que beneficiaban a la comunidad. René Girard plan-
tea en su libro *La violencia y lo sagrado* (1983) la contradicción que implicaba todo sacrificio ritual: "Es criminal matar a la víctima porque es sagrada... pero la
víctima no sería sagrada si no se la matara." (p. 9)

Las formas de violencia que hoy nos son familiares se originaron en una etapa muy reciente de la evolución de nuestra especie; su surgimiento es simultáneo —paradójicamente— al desarrollo de formas culturales más elaboradas cuyo propósito era lograr el bienestar general, que permitió que nos distanciáramos de los grupos nómadas de recolectores y cazadores que durante cientos de miles de años nos precedieron. Santiago Genovés (1993) identifica el origen de la violencia (una violencia social, ya no ritual) y de las guerras como consecuencia directa de la revolución agrícola:

La gran revolución del hombre es la revolución agrícola. Por vez primera en la historia de la humanidad, el hombre, como un dios Midas de la posterior cultura griega, se halla lleno de riqueza. Por vez primera ya no tiene que correr de aquí para allá, con la primordial preocupación de ganarse el sustento de cada día. Por vez primera puede sentase a pensar. [...] Es el gran salto que se extiende a prácticamente todo el planeta. Se ha fundado, ha aparecido un nuevo mundo de libertad sin desasosiego. *El hombre ha triunfado sobre la naturaleza.* Puedo pedirle a mi amigo que se quede con los míos. Que me cante, me diga poemas, me cuente historias de lejanas tierras, mientras yo, a cambio, lo mantengo. Le doy de comer y de beber. [...] Hay que defender las tierras. Surgen los ejércitos y los contraejércitos. *Aparece la violencia: la guerra generalizada e institucionalizada.* Lo que, hasta aquí, habían sido pequeñas y limitadas escaramuzas, pleitos por asuntos más o menos personales, se convierte en violencia, muerte y guerra (pp. 67-68).

También las guerras primitivas tenían connotaciones distintas de las que se desarrollaron en civilizaciones más avanzadas (porque no podemos olvidar que con "el progreso" progresan también la crueldad, la estupidez y la necesidad insana de obtener poder a costa de los otros). Esto nos lleva a una conclusión abrumadora: la historia de la cultura no sólo se puede rastrear a partir del estudio de los utensilios creados por los grupos humanos (de la rueda a las microcomputadoras); o bien del estudio de las obras de arte (de las pinturas rupestres al arte virtual en Internet); la historia de la cultura es también la historia de diversas manifestaciones de poder, las cuales invariablemente se expresan mediante guerras, atentados, genocidios, etc. Tristemente, ser más civilizados no quiere decir ser más tolerantes, más solidarios, menos violentos, sino todo lo contrario. En la historia de la humanidad podemos encontrar, siglo tras siglo, grandes avances en la capacidad de los hombres de destruirse, de causar dolor, de matar. La tecnología de la destrucción al servicio del dolor y de la aniquilación del adversario tiene una historia rica en ejemplos en los últimos milenios, situación por la cual todos los seres humanos tendríamos motivos suficientes para vivir avergonzados.

Todo esto nos lleva a una pregunta: ¿De dónde nos viene a los seres humanos esa capacidad de ser destructivos, ese deseo de violentar a otros seres iguales a nosotros? ¿Por qué se desarrolla en nosotros, generación tras generación, esa actitud cuyo único propósito es hacer uso de la fuerza para dañar a otros, para controlarlos y humillarlos?

Durante mucho tiempo se pensó que la agresividad era un impulso natural, instintivo, que, como el instinto sexual se expresaba espontáneamente en los individuos; sin embargo, la mayoría de los estudios modernos sobre la violencia señalan la agresividad como un conjunto de conductas aprendidas. En su libro *Expedición a la violencia*, Santiago Genovés (1993) indica:

> Es científicamente incorrecto decir que los humanos tienen "mente violenta". Tenemos un aparato nervioso para actuar violentamente, pero éste no se activa automáticamente [...] nuestra manera de actuar se determina conforme hayamos sido condicionados y socializados. Nada, en nuestra constitución neurofisiológica, nos impulsa a reaccionar violentamente (p. 29).

Y páginas adelante agrega: "No, no son los genes los que llevan inscrita la violencia. Es la educación, la mala educación que hemos recibido" (p. 85).

Agresividad frente a violencia

A partir de lo anterior podemos apuntar una primera definición: no es lo mismo hablar de la agresividad humana que de la violencia. Como dijimos anteriormente, la agresividad puede tener múltiples manifestaciones, muchas de las cuales no son necesariamente destructivas, es decir, no hay ninguna necesidad de que la agresividad humana se exprese exclusivamente como una agresión a los otros, menos aun como un ejercicio de la violencia. Vale la pena detenernos un momento para precisar las diferencias entre estos conceptos.

El desarrollo de las sociedades ha dependido en buena medida de la actitud de hombres y mujeres que en determinados momentos han dado una respuesta decidida ante situaciones adversas: proteger a los hijos, defender un espacio propio, tomar la decisión de abandonar un lugar de residencia en aras de conseguir una mejora para el grupo familiar, para el clan o para todo un pueblo. Éstas son algunas circunstancias que han requerido de una buena dosis de agresividad, es decir, en ellas ha sido necesaria una actitud que permita tomar decisiones radicales aun a costa de tener que enfrentar situaciones adversas; o bien, abandonar las deficientes comodidades que ofrece una situación conocida (que se ha vuelto amenazadora para la supervivencia) y arriesgarse a padecer transitoriamente con el propósito de obtener mejores situaciones de vida. Esas manifestaciones de la agresividad tienen un carácter positivo. Sin embargo, es preocupante el hecho de que los mismos rasgos de la conducta en ocasiones los asociemos con actitudes destructivas. En el ensayo citado páginas atrás, Anthony Storr indica:

> Cuando una palabra es tan difusamente aplicada que se emplea tanto para el esfuerzo competitivo de un futbolista como para la violencia sangrienta de un asesino, hay que renunciar a ella o definirla más estrictamente. [...] Una dificultad reside en que no existe una línea divisoria clara entre las formas de agresividad que todos lamentamos y aquellas que no podemos desautorizar si hemos de sobrevivir (pp. 10-11).

Sin duda, una primera diferencia entre agresividad y violencia se deriva de que exista o no una intención de causar un daño a uno mismo o a otro individuo. Con mucha frecuencia utilizamos estos términos como sinónimos, sin embargo, hay una clara diferencia en la *intencionalidad* y en la *intensidad* con que se ejecuta la acción que tiende a dañar al otro. García Silverman y Ramos Lira (1998) indican: "...aun cuando existen diversas coincidencias en sus definiciones, la violencia se distingue de la agresión por el exceso de fuerza que se ejerce en el acto en cuestión, así como por el papel que cumple el daño infligido" (p. 32).

La principal diferencia entre agresividad y violencia reside en la mayor intensidad e intencionalidad de la segunda.

Distinguir estos matices de significación podría parecer ocioso, pero nosotros opinamos todo lo contrario: la utilización vaga de conceptos centrales para el tema que en este libro trataremos puede prestarse a malas interpretaciones que, en el peor de los casos, podrían llevar a algún lector a encontrar la posibilidad de justificar ciertas acciones, si partiéramos de un escenario tan general como el que se crearía al pretender simplemente que todos los seres humanos a lo largo de la historia han manifestado actitudes agresivas para superar situaciones de riesgo. Esto no puede prestarse a formas de expresión ambiguas, todo acto de violencia está encaminado a dañar (física o psicológicamente) a uno o varios individuos a los que de manera anticipada y planeada se ha elegido como víctimas, para ser humillados, insultados, lesionados o incluso aniquilados por aquél que se erige como agresor o victimario. Quien comete una agresión aislada lleva a cabo una acción reprobable, que quizá sea excepcional en su conducta; pero quien ejecuta actos violentos (de forma sistemática, con la intensidad necesaria para lesionar a quien tiene enfrente), es un ser reprobable pues atenta contra la integridad del grupo social en el cual se ha desarrollado.

Por todo lo anterior, creemos pertinente reproducir la definición de violencia publicada por la UNICEF en el documento *Contra la violencia, eduquemos para la paz. Por ti, por mí y por todo el mundo.* En esta definición se expresan los más importantes aspectos que hay que tener en cuenta cuando definimos y analizamos un acto o una situación violenta:

> Entendemos por violencia aquellos actos u omisiones que atentan contra la integridad física, psicológica, sexual y moral de cualquier persona. Toda acción violenta tiene la intención de causar daño y ejercer abuso de poder; puede provenir de personas o instituciones y realizarse en forma activa o pasiva.
>
> Estos actos de violencia son tangibles, como una violación, maltratos y golpes, o bien, intangibles, es decir, que no se ven ni dejan huella, pero que de igual forma lesionan a las personas en su vida emocional.
>
> También se considera violencia las acciones o actitudes negligentes que denotan falta de atención y oportunidad.[2]

Si nos detenemos en los distintos aspectos que menciona esta definición, es importante subrayar lo siguiente:

---

[2] Ed. Grupo de educación popular con mujeres, A.C.

- Los actos violentos atentan contra la integridad física, psicológica, sexual o moral.

- Toda acción violenta conlleva dos intenciones: causar daño y ejercer abuso de poder.

- Las acciones violentas las pueden ejercer las personas o las instituciones.

- Los actos violentos pueden ser tangibles (por ejemplo, golpes) o intangibles (por ejemplo, comentarios intimidatorios que no se dirigen expresamente a la víctima, pero que se espera que ésta los escuche).

- También son actos violentos las acciones negligentes que se expresan como falta de atención o de oportunidades para quien las necesite.

De esta forma podemos empezar a concluir que sí, en efecto, agresividad y violencia no son lo mismo. Existe una actitud agresiva positiva, necesaria para la supervivencia, para salir adelante, un empuje, determinación, arrojo, etc. Pero cuando a esta agresión se le agrega la intención de dañar a otro y se incrementa alevosamente la intensidad, entonces se convierte en violencia, se convierte en una conducta negativa que no sólo no es necesaria para la supervivencia, sino que atenta en contra de ella.

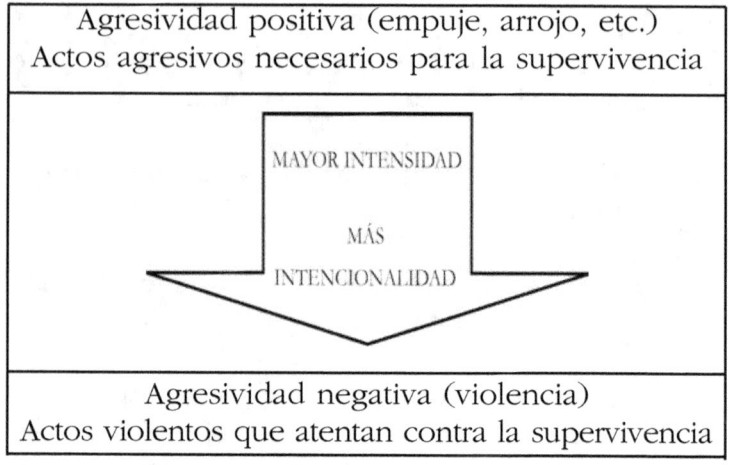

Agresividad positiva (empuje, arrojo, etc.) Actos agresivos necesarios para la supervivencia
MAYOR INTENSIDAD MÁS INTENCIONALIDAD
Agresividad negativa (violencia) Actos violentos que atentan contra la supervivencia

¿Una violencia propia de la modernidad?

Hemos comentado que la violencia ha estado presente en las relaciones sociales desde hace varios milenios; sin embargo, basta recordar nuestras más elementales clases de historia para afirmar que los procesos sociales y culturales no suelen permanecer estáticos, que los pueblos han cambiado en cada época a medida que actualizan sus sistemas de creencias y de valores, sus instituciones políticas, su interpretación de la realidad y de las realidades ficticias en las que creen. De esta manera, es lógico concluir que en cada época han existido manifestaciones de la violencia singulares, que las causas que han generado los actos violentos no han sido las mismas a lo largo de los siglos, que el ejecutor de la violencia ha ido cambiando sus rasgos con el tiempo, que no siempre ha sido igual la función de las instituciones (políticas o religiosas, por mencionar un par de ejemplos) ante los actos violentos. Inclusive habría que recordar que hubo periodos de la historia en que la Iglesia administró el principal organismo para violentar a los individuos: la inquisición.

La revolución industrial impuso nuevas formas de relación social y también nuevas manifestaciones de la violencia. Para explicar este fenómeno, el sociólogo Ernest Mandel (1986) escribió el libro *Crimen delicioso. Historia social del relato policiaco*, donde explica cuáles fueron las razones socioeconómicas que dieron lugar al surgimiento de los relatos policiacos a mediados del siglo XIX. Entre otras causas menciona la proliferación de nuevos crímenes urbanos cuya finalidad era el robo, los atentados contra la propiedad privada; detrás de estos delitos estaba el crecimiento de una clase social miserable que vivía en contacto con los que sí tenían recursos para vivir con más o menos comodidad. De esta manera, comenta Mandel, los relatos policiacos del siglo XIX convirtieron el crimen en motivo central de la narrativa, y dieron lugar a un nuevo tipo de héroe literario, representante de las clases medias y altas: el detective, cuya arma fundamental era la inteligencia y su propósito único consistía en atrapar al criminal y entregarlo a la justicia para, con ello, restaurar el orden social.

El último medio siglo ha visto el desarrollo de nuevas sociedades, la revolución cultural más importante fue la de los medios de comunicación de masas, los cuales se desarrollaron de manera vertiginosa y determinaron las conductas de los individuos.

Este periodo también ha sido testigo del crecimiento desmesurado de diversos índices sociales, desmesura que no tiene comparación con los índices de crecimiento de ninguna otra época: el crecimiento demográfico superó con mucho los ritmos de crecimiento de población de siglos anteriores; los índices de pobreza aumentaron en todo el mundo, sobre todo (aunque no exclusivamente) en los países subdesarrollados; con el paso de las décadas se hizo más evidente que las tasas de empleo no crecen al mismo tiempo que la población.

De lo anterior podemos desprender algunas de las causas de la violencia contemporánea: desigual distribución de la riqueza, elevado crecimiento demográfico, desempleo; a estos factores hay que agregar otros como: la proliferación del uso de drogas (desde los cigarrillos y el alcohol hasta las drogas de diseño), la facilidad con que cualquier persona puede conseguir un arma, la impunidad de los criminales (y la corrupción de los organismos encargados de impartir justicia), la desintegración familiar, las familias disfuncionales, la violencia exhibida en los medios de comunicación de masas (radio, televisión, cine, prensa impresa, Internet) y, por último, los posmodernos videojuegos.

Resumen del capítulo 1

- En este capítulo hemos analizado que la agresión no es una forma particular de la conducta de los seres humanos, sino de toda la vida animal; además hemos explicado la diferencia entre esas manifestaciones innatas de la agresividad y la ejecución de actos violentos.

- Hemos puesto énfasis en la transformación que la agresividad humana ha sufrido con el paso del tiempo hacia conductas cada vez más violentas.

- Hoy interpretamos como actos violentos manifestaciones de la cultura de pueblos primitivos (por ejemplo, algunos rituales sagrados) como si fueran violentos en sí, aunque en su momento tuvieron un significado más complejo.

- Hemos diferenciado la agresión de la violencia a partir de dos aspectos: la intencionalidad y la intensidad que caracterizan a la segunda.

- Presentamos una definición de violencia según la UNICEF.

- Concluimos este capítulo planteando los rasgos característicos de la violencia dentro del contexto de la modernidad.

Capítulo 2

Los modelos de conducta violenta, ¿más cerca de lo que imaginamos?

La familia y su responsabilidad en el desarrollo
de conductas violentas entre los niños
y los adolescentes

La violencia se ha convertido en uno de los grandes problemas de las sociedades contemporáneas y pareciera que a los hombres y mujeres de nuestros tiempos no nos quedara otra opción que acostumbrarnos a vivir y, en ocasiones, padecer sus diversas manifestaciones, sea en forma de violencia institucionalizada, o de actos violentos realizados por individuos (o grupos de individuos) particulares.

Para nuestra desgracia, cada vez es más común escuchar discursos cuyo propósito pareciera ser familiarizarnos con ella, hacernos sentir constantemente amenazados por la posibilidad de convertirnos en víctimas de actos violentos. Sin duda, existe un discurso que con más o menos conciencia tiende a legitimar la existencia de formas violentas de relacionarnos con los demás. En el ensayo de García Silverman y Ramos Lira (1998) citado en el capítulo anterior, las autoras aluden a este fenómeno de la siguiente manera:

En general la violencia se acepta, normaliza y legitima en ciertas formas. [...] entre estas formas destacan, la violencia institucional, la social, la cultural, las cuales con frecuencia ni siquiera se reconocen como tales (por ejemplo, el castigo corporal en las escuelas, el racismo, la pena de muerte, la guerra, etc.).
Para autoras como Santa Bárbara (1994), una vez que la violencia se vuelve una actividad organizada, cobra importancia la necesidad de aprobación y confirmación del grupo en cuanto al valor de dominar a otros. En las formas más organizadas de violencia el perpetrador puede actuar animado por una obediencia aprendida de las figuras de autoridad, las cuales están motivadas por la avaricia o el deseo de dominar. [...] Se ha hipotetizado que el grado en que se legitima la violencia "oculta" en una sociedad, afecta la incidencia de la violencia no legitimada o delito violento (pp. 67-68).

Compartimos la idea de que la violencia es un problema que se aprende a temprana edad la sociedad es responsable de esa enseñanza, pero en esa gran abstracción a la que llamamos sociedad podemos identificar algunas circunstancias particulares en las cuales unos modelos de comportamiento influyen más que otros en la formación de la conducta, por el simple hecho de que se trata de ámbitos en los cuales el niño permanece periodos de tiempo prolongados: nos referimos a la vida familiar y al contacto incesante con los medios de comunicación masiva.

El primer encuentro de los niños con modelos de conducta violentos ocurre en la familia. La forma más evidente de estas manifestaciones se da en aquellas familias en las que la violencia se ha convertido en una forma de relación "normal" (es decir, cotidiana, sistemática). Para que se haga evidente lo que se ha definido como violencia intrafamiliar no sólo es necesario que exista un padre o una madre golpeadores, en ocasiones es suficiente con que exista en la familia una figura que se identifique con el papel de quien ejerce sobre los más débiles (normalmente la esposa y los hijos, aunque no es la única manera como puede hacerse evidente) una actitud de amenaza, de intimidación, de subordinación intransigente. Esta violencia puede expresarse en forma de bofetadas, gritos, regaños explosivos por el menor motivo, etc. Es decir, se trata de situaciones en las que la armonía familiar se fractura como resultado del poder de uno o varios individuos que sólo pueden relacionarse con los demás cuando los devalúan y los hacen sentirse en permanente riesgo (de ser golpeados, descalificados, ignorados). En este sentido, como veremos más adelante, la presencia del poder será un factor de suma importancia en la ejecución del *bullying*. En los casos citados los niños crecen con la convicción de que la mejor perspectiva a futuro es conseguir una figura débil ante la cual exhibir su poder, pues según este esquema siempre es mejor aspirar a ser victimario que víctima.

Pero existen también otras manifestaciones de la conducta de los padres que contribuyen al desarrollo de conductas violentas, y se trata de fenómenos más riesgosos porque difícilmente los identificaríamos como aspectos negativos de la conducta de los padres. Uno de estos aspectos es el abandono en que crecen muchos niños y adolescentes. Las justificaciones son muchas y normalmente responden a acciones bien intencionadas, pero es un hecho que la ausencia de figuras de autoridad, que puedan poner límites a la conducta de los hijos, que les enseñen cómo resolver conflictos y como asumir las consecuencias de sus actos, suele contribuir grandemente al desarrollo de desajustes emocionales que sólo producirán niños incapaces de tolerar la frustración, que responden con berrinches cuando las cosas no se hacen como ellos quieren y cuando ellos quieren.

Sabemos que un problema grave que tienen que enfrentar los padres en nuestro tiempo es el que se relaciona con la posibilidad de adquirir satisfactores económicos que permitan una vida digna (según el nivel económico de cada quien). Esto provoca que en muchas familias el padre, y cada vez más también la madre, se ausente del entorno familiar; sea que los padres dejen a sus hijos encargados con parientes porque tienen que viajar como braceros a los Estados Unidos para conseguir mejores ingresos, o bien cuando ambos padres dejan a sus hijos encargados con la sirvienta porque tienen que acudir a sus oficinas de las que volverán cansados luego de un promedio de 10 horas de ausencia, es decir, parejas en las que podemos encontrar padres y madres que se desarrollan de forma exitosa desde un punto de vista profesional, pero que acaban siendo un fracaso como educadores de sus hijos, muchas veces justificándose con la excusa de que ellos no brindan grandes cantidades de tiempo a sus hijos, sino "tiempo de calidad". El caso es que los hijos no los ven, o los ven muy poco, y las pocas veces que conviven con sus padres, éstos tienen que llevar a cabo actos correctivos que pretenden enmendar lo que pudo haberse evitado estando presentes, funcionando como un punto de referencia para los hijos.

No tenemos ninguna duda de que los hijos aprenden más y mejor de los modelos de conducta que cotidianamente observan en sus padres, que de una sesión de media hora de abrazos intensos. En su libro *Pantalla total* (2000), Jean Baudrillard advierte sobre los graves riesgos que implica que niños y adolescentes crezcan solos, teniendo contacto ocasional y momentáneo con sus padres:

> Existe a partir de ahora, en el orden social y político, un problema específico de la infancia. Inseparable de los de la sexualidad, la droga, la violencia, el odio y de todos los problemas insolubles que plantea la exclusión social. Como tantos otros ámbitos, la infancia y la adolescencia se han vuelto hoy en día un espacio condenado, por su abandono, a la deriva marginal y a la delincuencia. (p. 119)

Por otra parte, estos problemas se agravan si se considera que vivimos en sociedades complacientes, en las que a las figuras de autoridad (civil, familiar, escolar, etc.) les resulta cada vez más difícil poner límites. En muchos casos se llega a suponer que ser buenos padres significa ser los mejores amigos de los hijos, los mejores cómplices, quienes siempre estarán presentes cuando necesiten que les resuelvan algún problema (sin importar la responsabilidad que puedan tener los hijos como causantes de los conflictos en que puedan verse inmiscuidos). Esto provoca que se genere entre los niños y los jóvenes una clara incapacidad para enfrentar situaciones problemáticas y afrontar las consecuencias de sus actos, y, con el paso de los años, dicha actitud provoca también la posibilidad de que se desarrollen en ellos conductas violentas hacia sus padres, sus compañeros, o hacia cualquier desconocido.

Los medios de comunicación y la violencia

El otro factor que incide en el desarrollo de la conducta de los niños y adolescentes lo constituyen los medios de comunicación masiva, en particular la televisión, el cine, Internet y los videojuegos.

En el caso particular de la televisión, es bien sabido que puede ofrecer una información rica en contenidos a los espectadores, al tiempo que ofrece espacios para la convivencia social; pero también se ha dicho una gran cantidad de veces que la exposición prolongada a ella constituye una amenaza para el desarrollo de una identidad propia, pues tiende a masificar a los espectadores; esta exposición a la televisión también es peligrosa para la creatividad y el desarrollo de las habilidades motrices de los niños:

> Esta masificación promovida por los medios es el castigo más monstruoso que puede darse en la sociedad: la pérdida de la propia identidad, fenómeno que llega a ser percibido como totalmente normal. Tanto más monstruoso

cuanto que ya no se trata sólo de una persona, sino del hecho, electrónicamente posible, de masificar a millones de individuos y convertirlos en números, cifras, espectadores, televidentes, radioescuchas: una masa. Según de qué país se trate, la uniformación o nivelación de esa masa puede alcanzar diversos niveles. Casi podríamos afirmar que hay una regla, no escrita ni formulada, cuya transgresión se permite rara vez: está rigurosamente prohibido todo lo que rebase la "inteligencia media" que los dirigentes o programadores de los canales de televisión atribuyen a su público (García Silverman y Ramos Lira, 2000, p. 170).

En efecto, la televisión estandariza los conocimientos, y el modelo que proporciona tiende a la mediocridad de la información, de la inteligencia y de la imaginación. Sin embargo, esta apreciación general no constituye el riesgo más grave. El escenario más crítico está formado no por el tiempo de exposición, sino por las diversas expresiones de la violencia que los medios difunden cotidianamente. En nuestro país los contenidos violentos los encontramos principalmente en dos grandes ámbitos: la prensa, que exhibe el lamentable estado por el que atraviesa la seguridad nacional (y con ella, la seguridad inmediata de cada uno de los individuos) y el cine y las series de televisión que, según el obtuso parecer de los creadores, se crean con la intención de llegar a la cumbre del *rating*, sabiendo que será más fácil alcanzarlo en la medida en que presenten más escenas de violencia explícita.

En el primero de estos ámbitos, el de las noticias que se difunden en los medios impresos y en los noticieros de radio y televisión, nos encontramos con que cada mañana estos medios nos exhiben, mediante descripciones truculentamente minuciosas, los asaltos, los secuestros y el número de ejecutados del día anterior, orientados por una confusa actitud en la que la responsabilidad de la denuncia ciudadana y la queja ante la impunidad de las organizaciones criminales se confunde con la irresponsabilidad de crear un público que cada vez se acostumbra más a oír hablar de diversas manifestaciones de la violencia. No hace muchos años se llegó al extremo de hacer de la nota roja cotidiana una exhibición morbosa en la que se explotaban las situaciones violentas; Sarah García Silverman y Luciana Ramos Lira (*Op. cit.*) comentan al respecto:

> La nota roja ha pasado de ser una sección en los periódicos a ocupar espacios en todas las secciones: política, economía, sociales, deportiva, nacional e internacional. Asimismo, ha dejado de ser una sección casi inexistente en noticieros de radio y televisión, y los ha invadido a tal grado que fue necesaria la creación de "noticieros" específicos de nota roja. Entre ellos se cuentan *Ciudad desnuda*, *Primer impacto* y *Duro y directo*, especializados todos en el espectáculo morboso del sufrimiento humano, de los cadáveres descuartizados, del suicidio grabado oportunamente, de las víctimas de asesinatos individuales o masivos, de tiroteos, de explosiones, etc. (pp. 328-329).

El riesgo que se corre al exponer a los niños y jóvenes a este tipo de programas es que con el paso del tiempo el poder destructor de las agresiones se trivializa. Sin duda nuestro país atraviesa por uno de los periodos de mayor caos social de su historia, como consecuencia del auge del crimen organizado, de la impunidad con que éste actúa y de la complicidad de muchas autoridades políticas y po-

lo que ocurría con los niños estadounidenses a principios de la década de los noventa, en el siglo pasado: "Gracias a la televisión un niño estadounidense presencia un promedio de 8,000 homicidios y 100 000 actos de violencia antes de haber terminado la escuela primaria" (p. 85). Basaba estas cifras en estudios estadísticos que se habían realizado en los Estados Unidos. En la página 88 de la obra citada presenta la siguiente información:

UNA JORNADA DE VIOLENCIA EN TELEVISIÓN

	Escenas	Porcentajes
Agresiones graves (excluido el recurso de armas de fuego)	389	21
Disparos	362	20
Puñetazos aislados	273	15
Pleitos (riñas)	272	15
Amenazas a mano armada	226	12
Bofetones	128	7
Daños a las cosas	95	5
Agresiones simples	73	4
Otros géneros	28	1
Totales	1846	100%

FUENTE: *Center for Media and Public Affaire*, junio de 1992.

Estadísticas de este tipo se han realizado desde la década de los cincuenta en Alemania, Inglaterra y los Estados Unidos. En nuestro país este tipo de estudios son escasos y los pocos que existen se han realizado apenas en los últimos diez años. Por ello son importantes las investigaciones realizadas por José Rafael López Islas y Aída de los Ángeles Cerda Cristerna, quienes en 1997 publicaron el documento *Violencia en la televisión mexicana: Un análisis del contenido de los treinta programas con mayor nivel de audiencia,* en el ITESM, Campus Monterrey. Otro estudio interesante es el que aquí hemos citado en varias ocasiones: *Medios de comunicación y violencia,* de Sarah García Silverman y Luciana Ramos Lira. Entre los ensayos más breves es interesante el que escribió Raúl Trejo Delarbre, titulado "Violencia en los medios. La televisión, ¿espejo, o detonador de la violencia en la sociedad?", publicado en *El mundo de la violencia* (ed. de Adolfo Sánchez Vázquez, FCE-UNAM, 1998).

Los niños y jóvenes mexicanos pueden ver a diario un variado menú de programas con contenido violento: series de acción norteamericanas (en ocasiones de temática específicamente policiaca), *talk shows,* telenovelas y películas; todo ello en horarios AA (de las 15:00 a las 19:00 horas) y AAA (de las 19:00 a las 23:59 horas)[3]. La violencia que se exhibe en estos programas puede ser verbal (amenazas, diversas formas de intimidación, uso de groserías), narrada (situaciones de contenido altamente violento contadas por unos personajes a otros) o visual (pleitos, asesinatos, persecuciones en automóviles que terminan con accidentes letales, etc.). No deja de llamar nuestra atención que para un

---

[3] La clasificación de los horarios televisivos en "A", "AA" y "AAA" responden a los niveles de audiencia, no al tipo de público (niños, adolescentes o adultos) al que pudiera estar dirigida la programación.

grupo de 100 adolescentes mexicanos de 13 años a quienes se les preguntó cuál era el programa de televisión de contenido más violento que habían visto, las respuestas de más alta frecuencia se repartieron entre dos programas: la serie norteamericana *CSI* y (aunque usted no lo crea...) la serie nacional *Mujer, casos de la vida real.*

Como dijimos en el primer capítulo, el desarrollo de la tecnología en las últimas décadas ha sido tan vertiginoso que terminamos cada día con la impresión de estar pasados de moda, porque no tenemos la última generación de hornos de microondas, los últimos reproductores de música, los más recientes modelos de teléfonos celulares, las computadoras de vanguardia, las pantallas reproductoras de video más planas de lo que podemos concebir, etc. Si nos detenemos a considerar la cantidad de beneficios que esta tecnología nos proporciona, podríamos pensar (nuevamente) que vivimos en el mejor de los mundos posibles, pues todo parece fácilmente conseguible: en un *iPod* caben tantas canciones como no podríamos oír en el resto de nuestras vidas; una conexión a Internet nos coloca frente a una ventana por la cual nos asomarnos a un mundo de información compleja que da la idea de que tenemos un absoluto al alcance de la mano.

Sin embargo, sabemos que los beneficios que nos proporciona el mundo contemporáneo no sólo son reconfortantes, cada uno de ellos trae consigo su contraparte negativa: el goce de tener toda la música en el bolsillo trae consigo un ensimismamiento que nos aísla de los demás; la posibilidad de acceder a la totalidad de la información nos expone a recibir tanto lo más edificante, como lo más deleznable, las más valiosas obras del saber (museos, bibliotecas, enciclopedias, galerías, etc.) como la más amenazadora basura informática (pornografía, violencia, insultos encubiertos en el anonimato); todo ello sin control, en un espacio en el que todo tiene cabida, en el que no hay restricciones, en el que la ética está de más y la información se congestiona por su abrumadora totalidad.

El mito de la torre de Babel y la confusión de las lenguas originalmente se entendió como un castigo consecuencia de la soberbia de los hombres; en los tiempos modernos los medios de comunicación electrónicos se han convertido en un modelo antibabélico, pues constituyen el espacio (virtual, se le ha llamado, en oposición a los espacios físicos tradicionales) en el que todo y todos estamos al alcance de la mano de los demás: Hoy puedo "chatear" con personas que se encuentran en otros continentes, hacer visitas virtuales a muchos museos del mundo, programas como *Google Earth* me permiten tener la impresión de que no hay un lugar del planeta que no pueda yo "observar" (cualquier montaña, cualquier valle, todas las ciudades y todas sus calles, así como las azoteas de sus casas y edificios…).

Desafortunadamente, las acciones derivadas de la falta de escrúpulos también tienen cabida en ese *Aleph*[4] tan prodigioso como peligroso que es Internet, con dos tipos de páginas construidas de manera distinta, pero igualmente alarmantes.

---

[4] En 1949 Jorge Luis Borges publicó el cuento "El Aleph" (en un libro que tiene el mismo título). En el cuento describe el Aleph

Por una parte están aquellas páginas que difunden contenidos explícitamente violentos, desde distintos tipos de agresiones o accidentes repetidos como si fueran escenas cómicas, hasta pornografía y ejecuciones de animales y personas. Un técnico en computación nos comentó alguna vez que él tenía suficiente trabajo para vivir muy bien sólo con la cantidad de equipos a los que tenía que limpiar de los virus que habían entrado porque los usuarios veían páginas de sexo o violencia explícita. También nos comentaba que en la mayoría de los casos ningún miembro de la familia aceptaba haber abierto esas páginas de la red. Esto nos hacía imaginar una situación digna de la narrativa posmoderna: parecía que se trataba de computadoras que se habían conectado ellas solas, seguramente en lo oscuro de la noche, mientras todos (padres e hijos) dormían plácidamente.

Las páginas arriba mencionadas por lo común están diseñadas sólo para ser observadas. Sin embargo, existen otras que permiten que los usuarios interactúen, la mayoría de las veces en forma anónima. Por ejemplo, desde hace varios años existen páginas diseñadas para que los niños y adolescentes se insulten, se difamen y se amenacen arteramente

---

así: "En la parte inferior del escalón, hacia la derecha, vi una pequeña esfera tornasolada, de casi intolerable fulgor. Al principio la creí giratoria; luego comprendí que ese movimiento era una ilusión producida por los vertiginosos espectáculos que encerraba. El diámetro del Aleph sería de dos o tres centímetros, pero el espacio cósmico estaba ahí, sin disminución de tamaño. Cada cosa (la luna del espejo, digamos) era infinitas cosas, porque yo claramente la veía desde todos los puntos del universo." (p. 192)

escudados en el anonimato. En México la más famosa de ellas es *La jaula*, página que ya desde su nombre nos sugiere que se trata de un espacio virtual en el que para entrar tendremos que despojarnos de nuestros rasgos superiores de seres que hacemos cultura, para dejar salir "la bestia que todos llevamos dentro". Diversas asociaciones de padres de familia han manifestado su enojo y franco repudio ante este tipo de "espacios de reunión" típicos de la posmodernidad. Se han buscado diversas maneras para sancionar a los responsables de la publicación de ese foro de encuentros anónimos; en cada reunión de profesores o padres de familia en que se menciona el tema, se escuchan voces indignadas que condenan la existencia de este tipo de páginas de Internet y se alarman ante la amenaza que representa para nuestros hijos o alumnos caer en manos de mentes manipuladoras. Que nosotros sepamos, a la fecha no se ha logrado hacer nada definitivo para erradicar esos espacios virtuales.

Hasta ahora nadie se ha preocupado por reflexionar críticamente sobre la verdadera raíz del problema: ¿qué estamos haciendo mal, los padres y educadores en general, que permitimos que se desarrolle en nuestros niños una capacidad de agredir, insultar y mostrarse soeces y amenazadores ante sí mismos cuando se les presenta la opción de tener un canal de comunicación global en el que podrán permanecer en el anonimato? ¿Por qué los niños en general inhiben todo escrúpulo, todo principio de respeto y sana convivencia? En los casos en los que hemos tenido la oportunidad de platicar con padres de familia (amigos, conocidos, otros profesores; padres de alumnos de primaria, secundaria, preparatoria y universitarios), sin una sola excepción, nos hemos encontrado con padres asombrados que no pueden concebir que sus hijos (bien portados, bien hablados, bien peinados, cariñosos y obedientes) sean capaces de participar en esos "foros del insulto"; y cuando se enteran de que lo han hecho, les queda la confusa sensación de que esos no son sus hijos, que seguramente se los cambiaron (el amiguito en turno, la escuela que permite que se degraden, el club, la televisión), pero (sin excepción), nunca se ponen a reflexionar sobre lo que se ha dejado de hacer en casa (por "hacer" nos referimos a platicar, estar presentes, estar al tanto de lo que sus hijos ven en la televisión, comentarlo con ellos, sancionar explícitamente toda conducta negativa siempre que la circunstancias nos ofrezcan la oportunidad de hacerlo, etc.).

Otro espacio de esparcimiento característico de nuestro tiempo, con el que han crecido las nuevas generaciones y que supone un grave riesgo lo constituyen los videojuegos. No podemos dejar de mencionar que éstos tienen algunos aspectos positivos, como el hecho de que ayudan a elevar la tolerancia a la frustración, son fuente de diferentes formas de compañerismo y además ofrecen a los niños y jóvenes un espacio para compartir gustos y momentos con sus pares. Sin embargo, la mayor parte de los videojuegos incluye situaciones de violencia. Además, se trata de un medio interactivo en que los propios sujetos —más que nada niños y adolescentes— ejecutan actos violentos, por ello es que los videojuegos han recibido muchas críticas, pues se trata de uno de los medios que más incita al comportamiento violento. La mayor parte de las acciones que se deben llevar a cabo durante el desarrollo de estos juegos son violentas: destruir, matar, atacar, eliminar, etc., acciones que son las requeridas para lograr el triunfo o alcanzar la meta del juego. García Silverman y Ramos Lira (*Op. cit.*) comentan al respecto:

En el mundo virtual de los videojuegos los niños aprenden, de manera activa e inconsciente, que la vida y la muerte dependen sólo de su agilidad manual y visual. Este aprendizaje se desarrolla estrictamente en el nivel afectivo, entre importantes descargas de adrenalina, sin que la cognición y mucho menos la reflexión desarrollen el mínimo papel. La oferta de videojuegos ofrece peleas en el ring, en el espacio, en las calles, en la selva y en toda una serie de escenarios que supera nuestra imaginación, en donde el enemigo puede ser un luchador, un boxeador, un monstruo, un superhéroe, una pandilla o un grupo guerrillero. Aun aquellos juegos supuestamente no violentos, porque no implican una pelea, incluyen algún tipo de violencia; por ejemplo, las carreras de autos, en las que los errores producen accidentes graves, o las aventuras en las que múltiples obstáculos pueden producir la muerte si no son adecuadamente superados (p. 227).

Además, nos hemos dado cuenta, por comentarios de gente que nos rodea, que a pesar del "esfuerzo" de los productores de los videojuegos por poner calificación (E-*everybody*, T-*teen*, M-*mature*, etc.), algunos padres sobrepasan estas advertencias y tenemos niños de 6 ó 7 años jugando juegos para mayores de 18, al igual que sucede con el cine, donde ahora las películas están al alcance de todo público en las tiendas donde se pueden rentar videos.

Hasta aquí hemos comentado algunos aspectos generales que contribuyen al desarrollo de conductas violentas en los niños y adolescentes. Nos parece claro que de los múltiples factores que pueden dar lugar al surgimiento de actitudes agresivas o violentas, dos han sido dignos de ser analizados, pues está en nuestras manos controlarlos y ponerles remedio:

En primer lugar, la violencia (mayor o menor) que perciben los hijos en el hogar, así como la incapacidad de los padres para poner límites a las actitudes negativas de los hijos (lo que provoca, como mencionamos, el desarrollo de conductas caprichosas, narcisistas, egoístas, todo lo cual contribuye a formar niños que no saben como manejar la frustración y explotan violentamente en cuanto sienten que no pueden hacer lo que sus deseos dictan).

En segundo lugar están los contenidos violentos que ofrecen los medios de comunicación de masas, los cuales nos proporcionan el confuso escenario en el cual todo puede ser dicho o mostrado y nadie necesita hacerse responsable de lo que hace y dice. Por ejemplo:

- Se puede seducir a una pareja virtual de manera anónima, lo que es una triste forma de afirmar que estamos excitados con nuestra soledad, ensimismamiento en el que el otro sólo constituye parte del ruido ambiente, es más un objeto (que despierta mi deseo narcisista) que un sujeto que pudiera imponerme la necesidad de exhibir una conducta ética en aras de arriesgar mis deseos de búsqueda que se correspondan con los suyos.

- También se puede agredir, insultar, difamar, amenazar a cualquier otro sin tener responsabilidad alguna sobre lo que se dice. La bajeza deja de tener un costo social, se practica la impunidad desde la comodidad de la habitación propia, aquella en que nuestros padres (que respetan nuestra intimidad) nos imaginan estudiando.

Si consideramos lo que puede resultar de la mezcla de estos dos aspectos (la violencia cotidiana en los medios, por un lado, y la incapacidad para reconocer límites, por el otro) tenemos que asumir los graves riesgos a que están expuestos nuestros hijos si no hacemos todo lo posible por contrarrestar estas expresiones de la conducta en las sociedades de las que formamos parte. Si no los atendemos, si no hacemos de la prevención una actitud comprometida, responsable y bien orientada, seguiremos enterándonos de que cada vez con más asiduidad:

- Se agreden los jóvenes de manera soez y anónima en páginas como "La jaula".
- Suben videos a páginas como "Youtube" en los cuales se muestran riñas callejeras como si se tratara de un espectáculo digno de disfrutarse.
- Seguiremos enterándonos de noticias como la

50

que se difundió en abril del 2007, en la cual se mencionaba que la policía judicial de Cancún había acudido al rescate de un niño que estaba maniatado y cuando lo encontraron y desamordazaron les dijo que estaba jugando con sus amigos a los secuestros y a él le había tocado ser el secuestrado.

- O, en casos extremos, seguiremos escuchando noticias como la terrible tragedia que ocurrió en abril de 2007 en el Tecnológico de Virginia.

Todos estos ejemplos tienen su origen en las mismas conductas, en las de los niños que disfrutan poniendo apodos a otros, que los empujan, los insultan o los golpean porque alguna vez aprendieron que el mundo se divide en débiles y poderosos y ellos no quieren ser débiles; más vale ser el que controla y arremete que el que desempeña el papel de víctima.

Tenemos que esforzarnos para no transmitir estas actitudes a nuestros hijos y alumnos, debemos hacerlos entender que la convivencia no es una contienda, que no es necesario negar al otro para afirmarse a sí mismo, que la relación sana con los otros sólo se da en un clima de tolerancia, en la comprensión y aceptación de los demás. Todo esto puede parecer en extremo idealista, pero como padres y como educadores no debemos renunciar a esta aspiración.

- En este capítulo analizamos la responsabilidad de las familias y el papel que juegan los medios de comunicación de masas (televisión, cine, Internet y videojuegos) en el desarrollo de conductas violentas.

- En cuanto al primer punto, subrayamos la importancia de reflexionar sobre las diferentes manifestaciones de la violencia dentro del círculo familiar, ya que es en la familia donde los niños empiezan a aprender modelos de conducta para relacionarse con otros individuos. A veces, sin darnos cuenta, estamos dando ejemplos (verbales o conductuales) de formas agresivas o violentas para responder a las circunstancias de la vida cotidiana, actitudes amenazadoras, intimidantes, o de subordinación intransigente.

- En referencia al tema de los medios de comunicación, sin dejar de mencionar las características positivas, es importante señalar de qué manera influye la exposición prolongada a la televisión (el presenciar películas no aptas para la edad de todo público), a páginas de Internet no aptas para niños, a los videojuegos interactivos con contenido violento, etc., en el desarrollo de conductas agresivas no positivas, pues con facilidad los niños imitan lo que ven en las pantallas.

CAPÍTULO 3

Bullying

¿Qué es el bullying?

Para empezar, es importante poner énfasis en el hecho de que el *bullying* es un fenómeno que sólo se ha empezado a estudiar en años recientes, respondiendo a la preocupación que suscita el incremento de las agresiones en las escuelas y, particularmente, las diversas formas de acoso que se manifiestan cotidianamente entre los niños y adolescentes, a pesar de que, como hemos mencionado, ha estado presente desde hace mucho tiempo. En México el interés por este problema es aún más reciente, al grado de que no se cuenta con bibliografía en la que se reflexione sobre las particularidades del *bullying* en nuestro país. Es por ello que toda la bibliografía empleada en este libro corresponde a autores de otras latitudes que se han dedicado a la tarea de informar sobre este problema en sus países. Nuestra intención es utilizar la información teórica que hemos revisado y presentar un primer compendio que, en la medida de nuestras posibilidades, adaptaremos a la realidad de los niños y jóvenes de nuestro país.

Para empezar a concretar qué es el *bullying* podríamos partir de la definición de violencia que se dio en el primer capítulo (pág. 24). Sin embargo, si atendemos exclusivamente a lo que ahí se expresa, nos quedaríamos un poco cortos respecto de lo que hoy en día se expresa con el término *bullying*. En primer lugar, debemos decir que el *bullying* es una manifestación de la conducta violenta, pero tiene además varias características que lo definen como un concepto en sí mismo. A continuación analizaremos estas características.

El *bullying* es una forma de comportamiento violento, intencional, dañino y persistente, que se puede ejercer durante semanas o incluso meses, y supone una presión hacia las víctimas que las deja en situación de completa indefensión. En toda situación de *bullying* hay siempre un abuso de poder y un deseo de intimidar y dominar (Sharp y Smith, 1994).

El *bullying* es un fenómeno que normalmente ocurre entre dos (o más) iguales, la semejanza más común reside en la edad. A pesar de esta coincidencia, debe existir un desequilibrio entre los participantes (Voors, 2005). Este desequilibrio es de poder, lo que corrobora lo dicho arriba: el abuso tiene como finalidad dominar e intimidar al otro.

Segundo aspecto importante: los actos negativos son generalmente deliberados, reiterativos, persistentes y sistemáticos. Como si esto no fuera suficiente, hay que agregar otro rasgo que vuelve más compleja aun la situación: se trata de actos que pocas veces son denunciados, ya que en la mayoría de las ocasiones el agredido no puede defenderse y se generan en él muchos sentimientos encontrados que le impiden pedir ayuda; de esto hablaremos más adelante.

Para algunos autores (Sharp, 1996) es muy importante distinguir el *bullying* de las peleas ocasionales o desacuerdos entre dos personas o grupos de igual poder y fuerza, ya que éstos no se clasificarían como *bullying*. Para esto, es importante recalcar que si bien toda conducta violenta es rechazable y puede producir daños físicos, en el caso del *bullying* (que también pueda o no provocar daño físico) siempre hay daño emocional. Así, este daño emocional será una característica necesaria para poder hablar y definir una conducta como *bullying*.

En síntesis, los rasgos característicos más importantes mencionados hasta ahora son:

- Que se trate de una acción agresiva e intencionalmente dañina.
- Que se produzca en forma repetida.
- Que se dé en una relación en la que haya un desequilibrio de poder.
- Que se dé sin provocación de la víctima.
- Que provoque daño emocional.

De esta manera podemos empezar con la siguiente definición.

Bullying: *es una forma de comportamiento agresivo, intencional y dañino, que es persistente, y cuya duración va de unas semanas a, en ocasiones, meses. Siempre existe un abuso de poder y un deseo de intimidar y dominar, aunque no haya provocación alguna. Puede ser ejercido por una o varias personas. A las víctimas les resulta muy difícil defenderse.*

Siguiendo el modelo de análisis realizado con la definición de violencia, es importante resaltar que los criterios necesarios para hablar de *bullying* son:

- Se trata de un *comportamiento agresivo*. Todo *bullie* tiene la clara intención de agredir a quien ha elegido como víctima.
- El *bullying* es resultado de *una acción intencional*, es decir, no es resultado de la casualidad, tampoco es accidental.
- La víctima siempre recibe un daño emocional, que además puede manifestarse de manera física.
- El *bullying* es resultado de una serie de agresiones que persisten durante varios días, semanas o meses. Por ello es que se debe distinguir el *bullying* de cualquier otro tipo de agresiones aisladas (por ejemplo, de pleitos que son resultado de alguna circunstancia particular).
- El abuso de poder de un individuo sobre otro es un aspecto inherente al acoso y maltrato. El *bully* actúa contra su víctima porque sabe que está a su merced (porque físicamente es más débil, porque es el blanco de las burlas del grupo, porque es inseguro, etc.).
- De lo anterior se deriva la intimidación y la sensación de sometimiento que padece la víctima.
- El agresor actúa violentamente contra su víctima sin que exista una provocación por parte de ésta; esto hace más grave la situación de quien padece las agresiones, pues sabe que son gratuitas, arbitrarias y alevosas.

- El acoso y las agresiones pueden ser ejercidos por uno o varios agresores.
- Como se trata de una agresión abusiva y planeada ex profeso, a la víctima le resulta prácticamente imposible defenderse por sí misma, pues no sólo no hay igualdad de fuerzas entre agresor y agredido, sino que además la víctima vive con más temor a medida que las agresiones aumentan.
- La diferencia en las edades no debe ser mayor a 3 años; si es así estaremos ante una situación de abuso, pero no de *bullying*.

Como se puede observar, al hablar de *bullying*, hablamos de conductas agresivas que siempre tienen un ingrediente de intensidad e intencionalidad que, como comentamos en el primer capítulo, hacen que ésta pase a ser una manifestación negativa de la conducta, es decir, una conducta violenta.

Para completar la información, es importante señalar que el abuso puede manifestarse de maneras diversas, en las cuales se pueden incluir golpes, empujones, patadas, amenazas, extorsiones, diversas maneras de encierro, etc.

Aunque la agresión entre jóvenes y niños es un comportamiento que ha existido siempre, podemos afirmar que, en comparación con épocas anteriores, hoy en día se manifiesta con mayor intensidad. Ahora involucra matices sexuales, en mayor medida y a una edad más temprana; y en general el fenómeno "ofrece más peligro debido a una creciente brutalidad social e insensibilización ante la violencia" (Voors, 2005, p. 21).

Tipos de bullying

Como ya se mencionó arriba, el *bullying* se manifiesta de muchas formas. En términos generales, la mayoría de los autores (Sandra Harris y Garth Petrie, 2003; Voors, 2005; etc.) coinciden en dividir al *bullying* en tres grandes tipos: físico, verbal y gesticular. Sin embargo, hoy en día es necesario incluir otro tipo, el *cyberbullying*, del que si bien no hay mucho escrito, todas las personas interesadas en el tema del *bullying* estamos de acuerdo en incluirlo y se escucha cada vez más hablar de él en *simposiums*, conferencias y congresos.

Tipos de *bullying* $\begin{cases} \text{Físico} \\ \text{Verbal} \\ \text{Gesticular} \\ Cyberbullying \end{cases}$

Hay autores que proponen otras formas de *bullying*, y ponen énfasis en un tipo que denominan "*bullying* psicológico". Creemos, sin embargo, que todos los tipos de *bullying* mencionados provocan daños emocionales; es decir, es incorrecto suponer que los golpes, empujones o patadas que caracterizan al *bullying* físico no provocan también un daño emocional en quien padece las agresiones.

Bullying físico

"No me di cuenta, pero me habían puesto un letrero en la espalda que decía PATÉAME y entonces algunos de mis compañeros empezaron a patearme. Me sentía muy mal..."

El *bullying* físico incluye toda acción corporal como golpes, empujones, patadas, formas de encierro, daño a pertenencias, etc. Además de que estas acciones constituyen la forma más habitual de *bullying*, es importante hacer notar que en los últimos años se han mezclado (con una frecuencia alarmante) con diversas formas de abuso sexual.

El acoso físico es la forma que más fácilmente se identifica, ya que en la mayoría de los casos deja huellas corporales. Como veremos más adelante, el incremento de edad, tanto del agresor, como de la víctima, es un ingrediente muy importante en el *bullying* físico, y tiene repercusiones dignas de atender. Según se van desarrollando los jóvenes, las agresiones también se vuelven más peligrosas, pues se llevan a cabo con mayor fuerza y con una intencionalidad más explícita. En la medida en que crecen los chicos y aumenta la masa corporal, también las agresiones se vuelven mas violentas, sobre todo en los varones, ya que las chicas cambian en esta etapa a otros tipos de *bullying* más sutiles (verbal y gesticular). Incluso, en países como Estados Unidos, junto con el arribo a la adolescencia empieza a hacer su aparición el uso de armas blancas y, algunas veces, también armas de fuego (Voors, 2005). Es importante detenernos unas líneas para reflexionar en relación con este punto. El uso de armas hoy en día va en aumento. En países como México todavía no es tan fácil obtenerlas, como sí ocurre en Estados Unidos. Sin embargo, cada día más personas compran armas para "defenderse" o para estar preparadas ante la situación de inseguridad creciente, tanto en las principales ciudades, (el Distrito Federal, Monterrey, Guadalajara, Villahermosa, Tijuana, Culiacán, etc.), como en los más pequeños poblados.

Esto implica que cada vez más niños y adolescentes pueden tener conocimiento del arma que se "guarda" en su casa, lo que abre la posibilidad de que en algún momento pudieran entrar en contacto con ellas. Tomando esto en cuenta, el riesgo de que la problemática del *bullying* se empiece a convertir en crímenes y situaciones delictivas no está muy lejos. Todos los ejemplos de asesinatos en escuelas de Estados Unidos están más cerca de lo que uno quisiera suponer si no nos proponemos empezar desde ahora con programas de prevención.

Bullying verbal

"Mis amigas no me dejaban jugar porque no traía chamarra de marca. Cuando por fin logré convencer a mis papás para que me compraran una, me molestaban diciéndome que era pirata..., me hicieron sentir muy mal."

En este grupo se incluyen acciones no corporales, pero igualmente dañinas, como poner apodos, insultar, amenazar, generar rumores, expresar dichos raciales o sexistas con la finalidad de discriminar, difundir chismes, realizar acciones de exclusión, bromas insultantes y repetidas, etc. Para pensar en este tipo de *bullying*, es imprescindible tomar en cuenta que los niños son mucho más sensibles que los adultos ante estas cuestiones. Es necesario recordar que la opinión de los pares (en edades que van desde los 4 hasta los 14 ó 15 años) es muy importante, ya que constituye una parte esencial entre los factores que ayudarán a formar la identidad y la personalidad.

Éste es el tipo de *bullying* más utilizado por las mujeres en la medida en que se van desarrollando hacia la adolescencia. Inclusive vale la pena mencionar que para algunos autores como Harris y Petrie (2003), éste es el tipo más común de acoso.

Bullying gesticular

"Hay un compañero en clase que cuando el profesor no está mirando me hace señas continuas de que me va a golpear a la salida. La verdad, me da mucho miedo pues es más alto y fuerte que yo."

Estas agresiones son las más difíciles de detectar, ya que pueden consistir en una mirada, una señal obscena, una cara desagradable, un gesto, etc. Se trata de formas de agresión, amenaza o exclusión que por lo común se llevan a cabo a espaldas de cualquier persona que pueda advertir la situación y, en consecuencia, ayudan a quien expresa estos gestos y señas a permanecer en el anonimato. Toda esta "representación" incrementa la fuerza de la agresión, pues el agresor exhibe un poder aun mayor al mostrar que es capaz de amenazar aunque esté "presente" una figura de autoridad; mientras que en quien es agredido se agranda el sentimiento de indefensión y vulnerabilidad, pues percibe el atrevimiento del agresor como una amenaza que tarde o temprano se materializará de manera más contundente, pues pareciera que no habrá límite que pueda contener el castigo que se le está anunciando con las señas o gestos. Este tipo de *bullying* se utiliza frecuentemente para subrayar, reforzar o resaltar acciones llevadas a cabo con anterioridad, así como para mantener latente la situación de amenaza.

Cyberbullying

"Me mandan mensajitos a mi celular de que me esperan a la salida para pegarme, o se meten al Chat y me escriben cosas que no me gustan...."

Este tipo de *bullying*, como se mencionó arriba, es un fenómeno nuevo, derivado de los grandes avances tecnológicos. Tanto Internet como la telefonía celular surgieron como canales de comunicación que en muy poco tiempo se han vuelto necesarios en todo el mundo. Gracias a éstos una gran cantidad de información y productos están a nuestro alcance. Sin embargo, al haber tanta información es importante poder hacer una selección.

En referencia directa al *bullying*, estas herramientas excepcionales también dan la oportunidad de enviar mensajes desde el anonimato, sin que el emisor del mensaje se vea en la necesidad de dar la cara, de asumir la responsabilidad de sus palabras. Específicamente el *cyberbullying* se da a través de teléfonos celulares con llamadas y mensajes de texto, y por Internet, con correos, por medio del *chat*, o en páginas como "La jaula". Normalmente los mensajes (de cualquier tipo) incluyen amenazas, difamaciones, groserías y diferentes formas de comunicación agresivas y violentas.

Cualquiera de las formas de *bullying* arriba descritas se puede manifestar de forma directa o indirecta, dependiendo de que la víctima se dé cuenta inmediatamente o no de la agresión. Por ejemplo, cuando hay burla, apodos, gritos, amenazas, etc., se considera como una agresión directa, pero cuando hablamos de influir en otros para que se burlen, excluyan o critiquen a un tercero elegido como blanco de las agresiones estaríamos ante formas indirectas de agresión (Harris y Petrie, 2003).

Tipos de participantes

Otro aspecto fundamental que se debe tomar en cuenta cuando se habla de *bullying* es que intervienen en él varios participantes (agresor, víctima y testigos), a los cuales es necesario definir, pues es importante concretar el papel que juega cada participante para que podamos detener este tipo de actividades.

En el *Bullying* participan:

- Agresor
- Víctima
- Testigos

En primer lugar está el *agresor*, cuyo papel es de fácil detección ya que es la persona o personas que realizan el acto agresivo. Es decir, quien pega, lastima, dice o gesticula algo con la finalidad de ejercer el acoso sobre otro. A pesar de lo que se pueda pensar, hay un serie de características emocionales que lo llevan a realizar el abuso. En primer lugar, puede estar defendiéndose de otras situaciones que lo hacen sentir mal, y de las que no puede escapar (por ejemplo, situaciones familiares agresivas o de indiferencia). En otras ocasiones puede tratarse de un joven que siente envidia por los otros y que tiene poca tolerancia a la frustración, y resuelve estos problemas haciendo sentir menos a la persona por la que siente envidia. Por último, puede ser que simplemente esté repitiendo un patrón de abuso de poder o fuerza con el que convive en diferentes espacios (familiar, escolar, social, etc.). Aparte de esto, la persona que lleva a cabo el acto agresivo en contra de otro u otros también habrá de vivir una serie de consecuencias emocionales que lo llevarán, por ejemplo, a tener relaciones inestables, más propensión a las adicciones, etc.

En segundo lugar está la *víctima,* sobre la cual se ha realizado el abuso. Obviamente, éste es el individuo que más sufre, ya sea por el maltrato físico directo, por el trato indirecto, o por las consecuencias emocionales. En su vida adulta estas personas suelen tener la autoestima baja, problemas de introversión, y habrán de padecer, como veremos con mayor detenimiento más adelante, una serie de situaciones depresivas que pueden, incluso, llegar a intentos suicidas.

Finalmente, tenemos a la parte más complicada que son los *testigos*. Esta complicación reside en el hecho de que su presencia implica una especie de complicidad que no es aceptada fácilmente; además genera emociones que no suelen ser de fácil resolución. Por lo común experimentan sentimientos de enfado, tristeza, miedo o indiferencia (Harris y Petrie, 2003). Normalmente los testigos no se implican directamente en el abuso, pues tienen miedo y no quieren convertirse en la siguiente víctima. En la mayoría de las ocasiones no saben qué hacer, pero sí saben que no quieren correr el riesgo de equivocarse y prefieren mantenerse al margen; esto además les da cierta seguridad, pues con mayor o menor conciencia saben que "mientras otro sea la víctima, no seré yo". Al pasar el tiempo pierden confianza en sí mismos, a la vez que se desensibilizan con las conductas de los agresores y se sienten menos solidarios con las víctimas.

Cabe mencionar que con mayor frecuencia de lo que pudiera imaginarse, se presentan situaciones en las que los chicos juegan dos papeles, es decir, pueden ser unas veces víctimas y otras veces abusadores. Seguramente esto dependerá de los diferentes ambientes donde se desarrollen, de que representen o no la figura de poder en relación con los que conviven con ellos en distintas circunstancias, así como de que se sientan más cómodos o no. Por ejemplo, un estudio finlandés (Harris y Petrie, 2003) señala que más de la mitad de los niños que entre los 8 y los 12 años fueron víctimas de abuso escolar, cuatro años después participaron de actos de intimidación.

Características de los participantes

En relación con el *agresor,* que normalmente se presenta con un comportamiento duro e insensible (características generales de los acosadores), es muy frecuente que su carácter revele todo lo contrario, es decir, que la conducta agresiva no sea sino una manifestación de inseguridad (Harris y Petrie, 2003). Se ha estudiado que muchos niños y jóvenes agresores han crecido en entornos familiares en los que las conductas violentas son comunes, tanto porque las ejerzan sus padres, como porque las fomenten al señalar (implícita o explícitamente) que "en esta vida, el que se deja pierde". En estos casos los niños crecen con un gran temor a padecer más agresiones (en el caso de aquellos que las han padecido en sus casas), o bien con el temor de quedar mal ante los consejos de los padres que exigen de ellos que no permitan que nadie les pase por encima, porque "en esta casa no se acepta a los fracasados". Estas actitudes de inseguridad los llevan a desarrollar conductas agresivas, pues han aprendido que la violencia es un recurso fácil para hacerse de una imagen de poder frente al grupo. Como en todos los casos, también hay agresores que responden a situaciones de personalidad más individuales.

El agresor: suele ser el valentón del grupo o bien un joven inseguro que arremete para aparentar más fuerza de la que en realidad tiene. Normalmente ha padecido agresiones o crece en familias agresivas.

En la escuela, los agresores generalmente tienen un gran número de amigos y seguidores, e incluso, a veces, hasta cuentan con el respeto de algún o algunos profesores. Físicamente suelen ser más grandes y fuertes que los demás, sobre todo en los primeros años escolares, lo que también contribuye a que se fomente en ellos una identidad de poder o superioridad. Además de estas características, hay que agregar otras como la impulsividad, o el hecho de que sean poco o nada cooperativos para desarrollar trabajos colectivos, y que además muestren poca empatía hacia los demás (*Ibid.*).

La familia del agresor suele ser descrita como poco comprensiva cuando el chico o la chica se siente triste, o bien se trata de familias sin unidad familiar, y donde los valores y la expresión de sentimientos no son una prioridad (*Ibid.*).

Por último, otras características y circunstancias que pueden fomentar las conductas agresivas de un niño o joven son, por ejemplo, ciertos rasgos de personalidad, el entorno social, la influencia de los medios de comunicación, el ambiente escolar, cambios de domicilio, enfermedades, hospitalizaciones, etc., todos ellos son fenómenos que propician cambios inesperados en la conducta.

Al hablar de rasgos de personalidad nos referimos a un factor que no podemos dejar de mencionar cuando se habla de cualquier desarrollo de la conducta. La mayoría de los psicólogos concuerdan con la idea de Freud de las series complementarias, la cual propone que, en efecto, un componente importante para el desarrollo de la personalidad es la disposición innata que se verá "afectada" por toda la carga de experiencias acumuladas desde el inicio de la vida.

Aunque Freud lo escribió para explicar el origen de las neurosis, hoy en día este concepto nos ayuda a explicar la personalidad en términos más generales.

Así, el concepto de series complementarias nos ayuda a entender que tanto los factores endógenos (constitución hereditaria) como los exógenos (experiencias infantiles, impresiones traumáticas, experiencias significativas, vivencias importantes, etc.) van a ser los responsables de la etiología de la personalidad (Freud, 1976). Además, estos factores van a relacionarse en sentido inverso, es decir, "cada uno de ellos será tanto más débil cuanto más fuerte sea el otro" (Laplanche, 1968, pág. 400).

Otro punto importante en el desarrollo de la personalidad lo va a constituir el lugar que el individuo ocupa dentro de la familia. Así, de acuerdo con Toman (1961) cada hijo de la familia tendría diferentes características de acuerdo con el lugar donde nació (en relación con los otros hermanos), de tal forma que los primogénitos tenderán a tener más o menos las mismas características entre sí, al igual que los hijos de en medio o los más pequeños.

Otro tipo de sucesos que afectan la personalidad serán los cambios residenciales (según Toman, 1961, para la edad de 15 años un individuo ha experimentado entre uno y dos cambios de domicilio), las enfermedades (para la misma edad de 15 años, un sujeto ha sufrido probablemente cerca de tres enfermedades o accidentes que no han necesitado hospitalización y por lo menos uno que sí lo ha requerido), y por último, la muerte de algún familiar o persona cercana, sobre todo durante los primeros años de vida, situación que marca profundamente el desarrollo de la personalidad.

Como queda visto hasta aquí, describir el impacto que tienen los diferentes efectos ambientales, sociales y familiares en el desarrollo de la personalidad y del comportamiento social es de gran importancia para poder analizar las situaciones particulares de la conducta que puede vivir un niño o un adolescente, sobre todo cuando nos enfrentamos a problemas que involucran actitudes violentas (tanto en quienes las ejercen, como en quienes las padecen).

Es importante recordar el impacto que tienen los diferentes ambientes sociales y familiares en el desarrollo de la personalidad y del comportamiento social.

En síntesis, es importante tomar en cuenta los siguientes aspectos:

- Rasgos innatos de personalidad (impulsividad, arrojo, agresividad, etc.).
- El lugar que ocupa el niño en la "constelación familiar" (esto ocurre con frecuencia con los "hijos sándwich", que crecen con la sensación de que no se les presta la atención que sí reciben el hermano más grande o el más pequeño. En consecuencia, a veces se portan mal o agreden a otros pues asumen que, de esta manera, los padres les pondrán atención, aunque sea para regañarlos).
- Niños que desarrollan una autoestima devaluada por diversos factores, y no necesariamente porque sean maltratados en casa.
- Cambios de domicilio frecuentes, o bien un solo cambio cuando el niño pasó toda su infancia en una misma casa (el temor a enfrentar un entorno desconocido, la pérdida de la seguridad que implicaba conocer amigos, escuela, espacios de juego, etc., puede provocar serios cambios en la conducta).
- Enfermedades y hospitalizaciones.
- La muerte de algún familiar cercano.

Las *víctimas* suelen ser niños o jóvenes con algún tipo de discapacidad (Leventhal, 2007) o bien, como comentan Harris y Petrie (2003), son niños situados en la parte baja de la escala social escolar, normalmente poco o nada integrados con el resto de los compañeros. De esta forma, "...los niños tienden a seleccionar a las víctimas por su debilidad física o de carácter, sus amistades o su forma de vestir. Las chicas, por otro lado, escogen a las víctimas basándose en su aspecto, en cuestiones emocionales, en el peso o en las notas que sacan" (*Ibid.*).

Las víctimas: suelen ser jóvenes con algún tipo de discapacidad o que son situados por sus compañeros en la parte más baja de la escala social escolar.

Son víctimas frecuentes del *bullying* los niños y jóvenes que tienen algún defecto físico, o los que son diferentes del grupo por diversas causas (raza, nivel socioeconómico, religión, identidad sexual, indumentaria, sensibilidad artística, etc.). Asimismo son colocados en posición de víctimas los niños más débiles, que tienen claras dificultades para defenderse, los tímidos, los que son más bajos de estatura que el resto de sus compañeros, los que usan lentes, etc. También son blancos de abuso aquellos que han sufrido pérdidas de familiares, los que tienen a una persona cercana enferma, etc., situaciones por las cuales en algún momento se han mostrado más vulnerables frente a sus compañeros, a causa del dolor que las pérdidas provocan, fragilidad anímica que el grupo de compañeros no comprende, antes todo lo contrario, la ven como una deficiencia de la cual se puede abusar.

Nuevamente, tenemos que hacer algunas excepciones. En primer lugar, no todos los niños intimidados tienen que presentar estas características. También puede darse el caso de niños con una conducta normal, con rasgos físicos normales o incluso más altos o mejor parecidos que los demás y que suscitan este tipo de conductas agresivas sólo por envidia.

En segundo lugar, existen niños o jóvenes que tienen una peculiar manera de llamar la atención (por sus actitudes, sus ademanes, su forma de vestir, la entonación con la que hablan, los temas que suelen tratar, etc.) y, sin ser sumisos, tímidos o de aspecto físico débil, se vuelven víctimas para lograr que otros pongan su atención en ellos. En este sentido, también pueden ser víctimas aquellas personas que inconscientemente provocan que se les lastime, los que se exhiben sin reservas, los buscadores de estímulos, los buscadores de represalias, etc.

La familia de la víctima suele presentar como características recurrentes dificultades en la relación entre los padres (lo que provoca un entorno familiar donde la armonía es muy frágil o está ausente por completo) y problemas económicos. También se ha visto que los chicos o chicas que juegan el papel de la víctima suelen ser más dependientes de los padres que otros compañeros (Harris y Petrie, 2003), y sus padres a la vez tienden a ser más sobreprotectores.

En relación con los *testigos*, éstos aparecen casi por casualidad. No tienen características específicas como participantes, pero serán sus características como individuos lo que desate en ellos diferentes tipos de sentimientos y, posteriormente, de comportamientos. Es decir, si tenemos como testigos a personas con rasgos más parecidos a los de las víctimas, serán sujetos de sentimientos de inseguridad y baja autoestima. Si, por el contrario, tienen características más agresivas, pronto empezarán a comportarse como victimarios.

Los testigos: aparecen por casualidad y, si no denuncian, corren el riesgo de convertirse en víctimas o en agresores, según su personalidad.

Sin embargo, cuando el ser testigo se convierte en una práctica recurrente, podríamos estar frente a situaciones de morbo o crecientes sentimientos de impotencia. Como se verá más adelante el testigo siempre cuenta con la opción de denunciar o hacer algo respecto a la situación del *bullying*; aunque sabemos que resolver esto no es tan fácil.

Riesgos y consecuencias de este tipo de comportamientos

Identificar los riesgos y las consecuencias del *bullying* es uno de los puntos más importantes de este libro, y una de las razones para reflexionar sobre la importancia de este fenómeno, tanto en el plano individual como social. Para la mayoría de las *víctimas* del *bullying*, su vida es miserable. Si el acoso ocurre en la escuela, es muy común que les resulte difícil asistir a ella, o bien, piden que los recojan lo más pronto que sea posible, ya que la hora de la salida es cuando se sienten más vulnerables. En casos extremos llegan incluso a expresar su deseo de no volver nunca más o insisten en que los cambien de plantel (Sharp y Smith, 1994). Lo mismo ocurre cuando el *bullying* se da en otros lugares.

Con el paso del tiempo, es muy probable que estos niños presenten problemas de pérdida de confianza y baja autoestima, además de que llegan a culparse por no haber sabido defenderse y por sentir, en cierta forma, que ellos provocaron el ataque. En general, su vida de adultos estará marcada por la violencia y tendrán, la mayoría de las veces, relaciones disfuncionales (Voors, 2005). Este tipo de sentimientos terminan por interferir en la concentración y en el aprendizaje.

Además, podrían experimentar algunos síntomas físicos como dolores de estómago y de cabeza, ataques de ansiedad, de nervios o de miedo, así como pesadillas; algunos niños llegan al extremo de no querer salir de su casa.

Menor autoestima, mayor ausentismo en las escuelas, probabilidades de no terminar los estudios, depresión y suicidio son algunas de las consecuencias de haber sido acosado en la escuela. La preocupación emocional interfiere en el desarrollo social y personal de los niños, y como Rigby señala (1996, citado en Harris y Petrie, 2003), "existen pruebas indirectas de que hay una relación entre el suicidio y el hecho de haber sido víctima del acoso escolar."

De los riesgos y consecuencias más comunes para los participantes del bullying, *las ideas suicidas son las más graves.*

Ya en la edad adulta, aquellas personas que fueron víctimas de *bullying* en su juventud, tienen muchas más probabilidades de presentar síntomas depresivos y baja autoestima, además de tener más probabilidades de cometer acciones suicidas. De hecho, en Suecia, país donde Daniel Olweus empezó a estudiar el fenómeno del *bullying*, es donde más cifras de suicido se reportan; ésta fue una de las razones por las que empezaron a preocuparse y a poner manos a la obra para detener este tipo de situaciones en un momento oportuno (Sharp y Smith, 1994).

Pero es importante resaltar que no sólo las víctimas de *bullying* son las que presentan síntomas o consecuencias graves. Los *agresores,* según Harris y Petrie (2003), también manifiestan un grado de depresión mayor que los adultos que no acosaron a otros compañeros en la escuela. Asimismo, los adultos que en algún momento de su vida fueron o son abusadores, tienen muchas más probabilidades de presentar características antisociales y de tipo psicopático, que pueden desembocar en situaciones violentas y criminales (Sharp y Smith, 1994), o bien, son propensos a cometer actos delictivos y a ser condenados por conductas realizadas bajo los efectos del alcohol y de otras drogas, así como presentar dependencia de sustancias tóxicas.

Por ejemplo, Olweus (citado en Harris y Petrie, 2003) dice que el 60% de los alumnos identificados como acosadores, a la edad de 24 años ya habían sido condenados por la comisión de algún delito.

Para autores como Voors (2005), el mayor riesgo del *bullying* es que "el blanco del acoso tiende a manifestar brotes de violencia extrema" contra sí mismo y contra otros. Baste recordar algunos ejemplos como lo que ocurrió hace algún tiempo en el Tecnológico de Virginia, donde lo poco que se sabe de Cho es que era un chico muy tímido, que constantemente era blanco de burlas por su origen asiático y que había dado muestras de poseer características antisociales, además de ser poco comprendido por su familia.

"En Florida, hace algunos años, una hermosa mañana encontraron a un muchacho de doce años que se había ahorcado colgándose de un árbol del patio trasero de su casa. Las constantes agresiones verbales de sus compañeros de clase lo empujaron al suicidio" (Voors, 2005, pág. 14).

"En Georgia, un chico que era objeto de continuas mofas a causa de su gordura se plantó en el aula de su instituto, delante de todos sus compañeros anunció que no aguantaba más humillaciones, sacó de la mochila una pistola y se pegó un tiro" (Voors, 2005, pág. 15).

Nuevamente, no podemos dejar de hablar de lo que ocurre con los *testigos*, quienes también sufren de ciertas consecuencias emocionales negativas. En la mayoría de los casos, experimentan sensaciones de impotencia y miedo ante la posibilidad de ser la próxima víctima. Este sentimiento de miedo es lo que hace que la mayoría de las veces no hagan nada, y de esta forma se empiezan a volver cómplices de los agresores, lo cual a su vez les produce mucha culpa. Por otra parte, como ya se comentó, la primera ocasión que un niño o joven es testigo, normalmente es por pura casualidad. Sin embargo, cuando esta situación tiende a repetirse empiezan a entrar en juego otros aspectos. Por un lado corremos el riesgo de que aquellos que son testigos de este tipo de conductas se empiecen acostumbrar a vivir en entornos violentos, y a no hacer nada al respecto. Por otro lado, se pueden dar escenarios en los que los testigos empiecen a disfrutar de los eventos agresivos y, aunque no participan activamente, se vuelven una parte importante del funcionamiento del *bullying*, ya que, como hemos comentado en otras partes de este libro, propician que el agresor se sienta gratificado al ser visto y "respetado" por realizar este tipo de conductas.

En resumen, como consecuencias y riesgos generales del *bullying*, para la mayoría de los participantes podríamos hablar de:

- inseguridad
- baja autoestima
- problemas de conducta
- problemas de ansiedad
- problemas de salud (colitis, dolores de estómago, fuertes dolores de cabeza, etc.)
- familias y relaciones disfuncionales
- los niños dejan de ir a la escuela
- comportamientos agresivos e incluso delictivos
- patologías de aislamiento social

- desajustes sociales
- personalidades depresivas
- posibilidades de presentar trastornos psicopatológicos y sociopáticos
- elevación de ideaciones de muerte y riesgos
  suicidas

Edad de inicio de la conducta acosadora

El *bullying* empieza desde edades muy tempranas y, en la medida que crecen los niños, va cambiando la forma y la intensidad de las agresiones. Como se verá más adelante (cuando se hable de los porcentajes de incidencia), según la mayoría de los autores revisados, y de acuerdo con nuestra propia experiencia, el número de casos de *bullying* va decreciendo en la medida en que los alumnos llegan a preparatoria, esto implica que donde más se presenta este tipo de conductas es en los años medios y altos de primaria y en la secundaria.

De acuerdo con Harris y Petrie (2003), el *bullying* de más alta incidencia se da en niños de entre 10 y 14 años de edad, y disminuye conforme los niños van haciéndose mayores; sin embargo, hemos observado que en México la edad límite llega por lo común hasta los 15 ó 16 años.

Porcentaje de incidencias y lugares en que se presenta

Whitney y Smith (citados en Sharp, 1996) afirman

haber encontrado que un 27% de niños en edad de primaria y 10% de alumnos de secundaria reportan comportamiento de *bullying* entre una y dos veces por ciclo escolar.

Harris y Petrie (2003) citan un estudio realizado en Australia donde se habla de que 19.3% de jóvenes entre los 10 y los 17 años se ven involucrados en problemas de *bullying*; en Inglaterra, 27% de alumnos de primaria han sido "algunas veces" acosados, y reportan que en Estados Unidos, hasta un 78% de niños dicen haber sido víctimas de acoso.

Para Sharp y Smith (1994), de acuerdo con un estudio realizado en Inglaterra, el 27% de la población de primaria que fue encuestada, reporta haber sido víctima de *bullying* más de una o dos veces durante el curso escolar, mientras que el 10% reporta haberlo sido por lo menos una vez a la semana; el 12% reportó haber sido molestado por lo menos una o dos veces en el ciclo escolar y 4% reportaron que acosaban a otros una vez por semana.

Para la secundaria, el 10% de la población estudiada reporta haber sido víctima de *bullying* más de una o dos veces durante el curso escolar, mientras que el 6% reporta haberlo sido por lo menos una vez a la semana; el 4% reportó haber molestado a otros por lo menos una o dos veces en el ciclo escolar y 1% reportaron hacerlo una vez por semana (*Op. cit.*).

Por otro lado, para Harris y Petrie (2003), según un estudio del Centro Nacional de Estadística sobre Educación (NCES, por sus siglas en inglés), el 10% de los alumnos de sexto de primaria y de primero de secundaria son víctimas del abuso escolar, comparado con un 2% de los que cursan años más avanzados.

Otros estudios (Voors, 2005) señalan que cerca del 90% de los alumnos de cuarto a octavo grado dicen haber sido blanco de acoso por lo menos una vez.

De acuerdo con los autores arriba citados (Harris y Petrie, 2003), el abuso es tal que incluso el 10% de los alumnos que abandonan los estudios lo hacen debido a que son víctimas de la violencia escolar.

En México hasta hace poco no se tenían muchos datos que hicieran referencia específica al problema del *bullying*. Ahora se cuenta con algunos índices estadísticos publicados por la Comisión Nacional de Derechos Humanos, el INEGI y UNICEF.

En el número 10 de la revista *Tip kids* se publicaron los siguientes datos:

> Emilio Álvarez Icaza, Presidente de la Comisión de Derechos Humanos del Distrito Federal, manifestó [...] que una investigación realizada en conjunto con UNICEF, determinó que cuatro de cada 10 niños manifiestan que las burlas y apodos son métodos sistemáticos de discriminación; asimismo, tres de cada 10 alumnos hicieron referencia a los golpes y abusos cometidos dentro de las aulas (p. 12).

En la misma publicación se dice que, según una encuesta del INEGI del 2005, el 60% de los jóvenes de entre 12 y 17 años que desertan de la educación media y superior han recibido maltrato por parte del profesorado y de sus compañeros de grupo.

El 5 de junio de 2007 el periódico *Reforma* publicó la nota "Nos vemos a la salida", en la cual se indica que "De acuerdo con el estudio «Violencia y disciplina en escuelas primarias y secundarias 2004-2005», del Instituto Nacional de Evaluación para la Educación, el 24% de los estudiantes de primaria sufre burlas, el 17% ha sido lastimado por otros alumnos y una cifra similar ha recibido amenazas."

Sólo muy recientemente, en el número 200 de la revista *Este País* (noviembre de 2007) se publicó el artículo titulado "Para entender la violencia en las escuelas" en el que se publican algunos datos estadísticos preparados por el Instituto Nacional para la Evaluación de la Educación. En dicho estudio se presentan los resultados estadísticos obtenidos entre alumos y maestros de escuelas primarias y secundarias y, entre los datos obtenidos, se concluye que:

- Las peleas son el principal acto de violencia entre los jóvenes.
- La participación en actos de violencia es baja.
- Hay más violencia en primarias que en secundarias.
- Las primarias indígenas y las secundarias privadas son escuelas con mayor ocurrencia de actos violentos.

Asimismo se indica que de la totalidad de alumnos a los que se les preguntó si han participado en peleas en las que hayan dado golpes, el resultado fue afirmativo en 19% de alumnos de primaria y 11.1% de alumos de secundaria. Otra pregunta era si participaron amenazando a otros alumnos en la escuela, a lo cual respondieron afirmativamente 10.9% de alumos de primaria y 6.8% de los alumos de secundaria encuestados.

Se trata de un estudio riguroso y, sobre todo, muy importante porque marca el inicio de los estudios estadísticos sobre el problema de la violencia en las escuelas de México (también informa sobre actos de vandalismo, robos y consumo de sustancias nocivas).

Como puede observarse, los problemas de acoso, intimidación y violencia en las escuelas de nuestro país son cada vez mayores y la preocupación por las causas que los generan, sus manifestaciones y las consecuencias que pueden acarrear son una advertencia sobre la imperiosa necesidad de poner atención en el problema y hacen necesaria la difusión de información seria y responsable al respecto.

El *bullying* es un fenómeno que se ha estudiado sobre todo en los ambientes escolares; sin embargo, es importante decir que este tipo de actos sucede en todos los lugares en los que se dan relaciones de convivencia prolongadas. Puede ser en casa (entre hermanos, primos, vecinos o "amigos"), en clubes sociales o en centros recreativos, y, por supuesto, en la escuela. De esto tratarán los siguientes capítulos.

Una de las características principales del *bullying* es que las personas involucradas se tienen que conocer, aunque no sea a fondo, ya que parte de la información que se tiene del otro es utilizada para llevar a cabo el abuso, desde saber que el otro es más débil y que no va a contestar las agresiones, hasta particularidades de éste (de su personalidad, su origen, su conducta, su manera de relacionarse con los demás, situaciones familiares particulares, etc.) para poder usarlas en el abuso, sobre todo cuando éste es físico y verbal.

En general, el *bullying* se da en lugares y momentos en que los adultos no están presentes, como el recreo, descansos, patios, canchas, cuartos cerrados, baños, etc.; aunque, como se señaló antes, en algunos casos puede llevarse a cabo a pesar de que los adultos estén presentes, aprovechando los momentos en que están distraídos y, en casos extremos, inclusive contando con la tolerancia de ellos, en los casos en que éstos no tienen clara su posición de autoridad ni su responsabilidad de inhibir o sancionar estas conductas.

Para Sharp y Smith (1994), el *bullying* se presenta sobre todo dentro de la escuela y en lugares circundantes, ya que la escuela es el sitio donde más tiempo pasan juntos niños y adolescentes (en particular el patio y otros lugares de juego, sitios en los que se presenta el más alto porcentaje de incidencias). En primaria tres cuartas partes de los alumnos que son víctimas del *bullying* lo son durante el recreo o en la hora del almuerzo; en secundaria, el *bullying* sucede en los pasillos, salones y en los patios.

¿Cómo responden los adultos?

Es muy importante hablar de la respuesta de los adultos, ya que el papel que juegan cuando están cerca de una situación de *bullying* será decisivo en el futuro desarrollo y solución de este problema. En primer lugar, por supuesto, está la opinión de los padres de la víctima, que siempre se expresará en contra de la escuela o del ámbito donde se hayan producido los acosos. Los padres generalmente exigen castigos severos para los culpables. Al principio se mostrarán muy preocupados por la situación de la que se han enterado, pero en la mayoría de los casos pasan de esta actitud de preocupación y búsqueda de información a una segunda actitud en la que tratan de hacer responsable a la escuela, exponiendo que ésta no los apoya y no hace lo suficiente para contrarrestar el daño hecho a su hijo o hija (Young, 1998). Con mucha frecuencia estos reclamos tienen origen en la incapacidad para analizar de manera objetiva el problema y, en consecuencia, nunca consideran cuál es su parte de responsabilidad (si la hay) en la formación de un carácter débil en su hijo, carácter que en ocasiones propicia la posibilidad de que quien se pare frente a estos niños identifique en ellos a seres frágiles, vulnerables, que suelen colocarse inconscientemente en el centro de las burlas, los insultos y los golpes de los abusadores.

El caso de los padres de los acosadores suele ser muy distinto, pues por lo común no le dan importancia a los hechos y en algunas ocasiones incluso se hacen cómplices de sus hijos.

Así, hay padres que creen que el *bullying* es cosa de niños y que forma parte del crecimiento normal, pero también existen aquellos que realmente fomentan esta conducta de acoso e intimidación alentando a sus hijos a que se defiendan de otros. De hecho, está comprobado que "los adultos que fueron agresores en la escuela suelen tener hijos que también lo son" (*Op. cit.*, pág. 117). En el mundo contemporáneo, en el que a todas horas se difunde la idea de que los individuos deben ser exitosos y que se debe hacer evidente la aspiración por ser más que los otros (en el trabajo, en la posición social, en la relación con los individuos del sexo contrario, en la escuela, en el deporte, etc.), es muy común que los padres confundan la necesidad de formar individuos íntegros y comprometidos con su sociedad, con el proyecto de formar individuos competitivos que para lograr el éxito deben pasar por encima de los demás y, lo que es más grave, se enseña a los niños a disfrutar de la derrota o la frustración de los otros cuando dicha situación ha permitido que su hijo alcance un reconocimiento que lo distingue del grupo. En estas situaciones, no es extraño que la exigencia de ser exitoso incluya la obligación tácita de que se debe exhibir ante los otros una mayor determinación en el uso de la fuerza o del ingenio para sobresalir, aunque esto sea a costa de la seguridad de los demás.

El papel de los adultos va a ser siempre fundamental en la resolución de los problemas del bullying.

Como comentamos en la primera parte de este libro, cuando aludimos a las circunstancias que se dan en torno a la violencia y a la manera como han ido cambiando e incrementándose sus manifestaciones en la sociedad, el papel directo de los adultos es una causa fundamental para la perpetuación de las conductas violentas. Sharp (1996) comenta, por ejemplo, que existen algunos adultos que se encuentran mucho más cómodos con los abusadores, y forman una especie de complicidad con su conducta. Incluso hay algunos adultos que expresan comentarios tan lamentables como "se lo merecía", cuando se refieren a los padecimientos de la víctima, o que prefieren mirar hacia otro lado cuando se está cometiendo una agresión, para no verse involucrados.

En el caso de los profesores, hay algunos que creen que el acoso en las escuelas es parte natural del crecimiento, que los niños deben aprender a defenderse solos y, por lo tanto, que los adultos no deben intervenir. Otros, simplemente no saben identificar el tipo de conductas que están presentando los alumnos como acoso e intimidación, y generalmente no saben qué hacer.

En una encuesta muy interesante que hicieron Harris y Petrie (2003) en Estados Unidos, encontraron que con frecuencia la mitad de los profesores admitía que le daba miedo tratar con los agresores y que debía ser otra persona la que se encargara del problema.

En otros estudios (Voors, 2005) se ha comprobado que la opinión de los alumnos respecto del personal docente es que la mayoría de las veces prefieren no interferir (72%), además de que algunos profesores piensan que este tipo de problemas debe ser resuelto por la dirección o por el departamento de psicología de las escuelas, por lo que prefieren no involucrarse; y en algunas ocasiones llegan al grado de ni siquiera intervenir con un comentario oportuno.

Otro aspecto preocupante es que los mismos adultos que toleran este tipo de fenómenos (tanto los padres como los profesores) con frecuencia niegan los riesgos inmediatos que implica el incremento de la violencia en la sociedad. Si, como ya se dijo, agregamos a esto el hecho de que muchos de ellos permiten (o incluso promueven) que sus hijos utilicen videojuegos, o que ven películas no aptas para menores, entonces el problema llega a cobrar dimensiones alarmantes.

Creencias equivocadas en torno a la violencia escolar y el bullying

Para terminar este capítulo, queremos compartir algunos mitos y creencias equivocadas que pensamos que es importante aclarar.

"El bullying es sólo físico". Con mucha frecuencia se asume que hablar de violencia nos remite exclusivamente al ámbito de las agresiones físicas. Lo mismo ocurre con el *bullying*, lo que constituye en sí mismo un problema, pues se minimizan o descuidan otras situaciones de acoso que son más frecuentes que el abuso físico y que pueden ser igualmente dañinas, sin olvidar que una de las consecuencias inherentes al *bullying* es el daño emocional.

"Es sólo asunto de niños pequeños, se quita con la edad". No es extraño que los adultos crean que

la agresividad y el acoso entre los niños pequeños son manifestaciones insignificantes de la conducta, por lo cual se llega a suponer que deben ser tolerados. Una justificación equivocada que se suele expresar es que los niños no son malos, que en ellos no cabe la perversidad inherente a todo acto violento; en consecuencia, el daño que hacen a otros suele verse como un accidente o una travesura.

"Es normal, forma parte del desarrollo". Muchos adultos suponen que las agresiones forman parte del desarrollo normal de todo niño y adolescente, bajo la explicación de que los niños tienen que aprender a "darse a respetar". Sin embargo, pasan por alto el hecho de que es muy distinto responder con decisión y agresividad ante una situación adversa, que planear con premeditación una serie de acciones violentas que tienen como propósito dañar a otro niño o adolescente que ex profeso ha sido elegido como víctima.

"No es dañino para la persona, tiene que aprender a defenderse". Como consecuencia del mito anterior, con frecuencia se llega a la irresponsable conclusión de que las agresiones que propinan los niños pequeños no son peligrosas, que todo acto de violencia infantil no pasa de producir algunos raspones que sanarán al día siguiente, sin advertir que las lesiones físicas en ocasiones pueden ser menos graves, y que el daño emocional que resulta de todo acto de acoso sistemático tarde o temprano se evidencia en la conducta de las víctimas.

"Es una conducta exclusiva de los niños y nada tiene que ver con las niñas". Este pensamiento se expresa con frecuencia como producto de sociedades en las que se sigue considerando que la fuerza, la rudeza y la agresión son patrimonio exclusivo de los varones. En consecuencia, se supone que las niñas son incapaces de acosar, discriminar o lastimar a otras niñas.

"Sólo hay que ayudar al que se siente mal; el que abusa lo hace porque es más fuerte, pero no tiene ningún problema". Éste es uno de los mitos más riesgosos, pues aun en las situaciones en que se atiende a la víctima y se le brinda apoyo, creer que en lo que respecta al agresor todo se resuelve con una llamada de atención, o imponiéndole una sanción, es incurrir en un error grave, pues, el riesgo emocional al que está expuesto el agresor puede acarrear consecuencias graves en la formación de su identidad.

"En mi escuela eso no pasa". De la misma manera que ocurre con los padres de familia cuando pasan por alto las situaciones de acoso en que se ven involucrados sus hijos (ya se trate de los padres de las víctimas o de los agresores), es un acto irresponsable que las instituciones educativas cierren los ojos ante estos problemas, en aras de mantener una "buena imagen" ante la comunidad, o bien por desconocimiento del problema. Una escuela responsable es aquella que enfrenta con convicción todo tipo de problemas en que puedan verse involucrados sus estudiantes y que procura dar una res-

puesta coherente a partir de los valores éticos que le corresponde resguardar y exaltar como indispensables para la formación de sus alumnos.

"Los alumnos se llevan medio pesado, pero eso no es bullying*"*. Conclusiones de este tipo son preocupantes pues, en el mejor de los casos, muestran el gran desconocimiento que se puede tener en relación con un tema tan complejo y común como es el *bullying*; en los casos más graves, se trata de respuestas irresponsables que sólo evidencian la incapacidad de las instituciones para asumir el compromiso de formar individuos íntegros desde un punto de vista ético.

- Este capítulo lo empezamos con la definición de *bullying*, como un comportamiento violento y persistente, resultado de un abuso de poder, que ocurre entre jóvenes de edades semejantes. Es deliberado y sistemático. Son actos pocas veces denunciados, y su resultado es un daño emocional y, en ocasiones, también físico.

- Posteriormente, nos referimos a algunas características de este fenómeno, como los tipos de *bullying* y los participantes.

- En cuanto a los tipos que existen de *bullying*, tenemos el *bullying* físico (golpes, patadas, empujones, etc.). Se incrementa su peligrosidad a medida que crecen los jóvenes, pues aumenta también la fuerza de las agresiones y la intencionalidad.

- El *bullying* verbal (apodos, chismes, rumores, expresiones discriminatorias, manifestaciones de exclusión, etc.). Es más utilizado por las mujeres que por los hombres, pero es igualmente dañino.

- El *bullying* gesticular (ademanes intimidatorios, señas, muecas burlonas, etc.), que además se puede dar inclusive frente a los adultos, lo que lo vuelve más amenazador.

- Por último el *cyberbullying,* que se manifiesta básicamente con mensajes electrónicos (vía teléfono celular o en la computadora); es igual de peligroso pero, además de contener discursos amenazadores, suele darse de forma anónima.

- Con relación a los participantes, contamos con el agresor, que es quien ejerce el acoso sobre otro u otros, abusando de una posición de poder (ficticia o real); la víctima: quien padece las agresiones y que suele ser un niño o adolescente que presenta alguna forma de debilidad; y los testigos: quienes presencian las agresiones.

- Es importante tener en mente algunas de las características de los participantes. Por ejemplo, el agresor suele ser el valentón del grupo o bien un joven inseguro que arremete contra los otros para aparentar más fuerza que la que en realidad tiene. Normalmente han padecido agresiones o crecen en familias agresivas. Suelen tener un gran número de seguidores que los acompañan por el miedo.

- Las víctimas suelen ser jóvenes con algún tipo de discapacidad o que son situados por sus compañeros en la parte más baja de la escala social escolar.

- Los testigos aparecen por casualidad y, si no denuncian, corren el riesgo de convertirse en víctimas o en agresores, según su personalidad.

- Los riesgos y consecuencias de esos comportamientos se dan tanto para la víctima como para los testigos y el agresor. A pesar de que estos riesgos son múltiples, las ideas suicidas constituyen la amenaza más grave.

- La conducta acosadora se manifiesta desde la etapa preescolar. Si un joven no ha presentado conductas violentas antes de la adolescencia es muy difícil que empiece a presentarlas. Los años en que más casos de *bullying* ocurren son aquellos que van de los últimos años de primaria (9 ó 10 años) hasta 3o. de secundaria (15 a 16 años).

- También hablamos del porcentaje de incidencias y lugares en que se presenta. Señalamos algunos índices sobre violencia en las escuelas de México, publicados por el INEE y otras instituciones.

- Indicamos cuáles son las respuestas más comunes que suelen dar los adultos ante el problema del *bullying*.

- Por último, hablamos de las creencias equivocadas más frecuentes en torno al *bullying,* creencias que obstaculizan la correcta identificación y solución de este problema.

CAPÍTULO 4

Cómo manejar el *bullying* en el ambiente familiar

Introducción

Una de las primeras dificultades a las que nos enfrentamos para atacar los problemas derivados del acoso entre niños y adolescentes, es la falta de información por parte de los padres o las autoridades escolares en relación con los rasgos que caracterizan estas conductas (tanto en el caso de las víctimas, como en lo que se refiere a los agresores o a los testigos). Esta dificultad se debe también a desconocimiento de los procedimientos que deben seguirse para fortalecer de la mejor manera que sea posible el carácter de quienes padecen la agresión, así como para reorientar la conducta de los agresores.

A continuación revisaremos algunos de los aspectos más importantes que deben considerarse ante un caso de *bullying* en la familia. Cabe señalar que no es el propósito de este capítulo crear alerta en relación con el *bullying* ejercido en casa por unos miembros de la familia contra otros (al menos no solamente), sino dar opciones para ayudar a los niños y adolescentes que pudieran estar involucrados en una situación de acoso fuera del ámbito familiar (en la escuela, en la calle, en centros de reunión —centros comerciales, fiestas, clubes recreativos, etc.—, lugares en los que estas conductas se presentan con mayor frecuencia).

El principal obstáculo para enfrentar los problemas de bullying *y poder darles solución se deriva del desconocimiento que se tiene de este fénomeno.*

El desconocimiento del problema suele ser el principal obstáculo para encontrar soluciones, así como la poca atención que se brinda a los hijos cuando son víctimas de acoso, o bien cuando lo ejercen; en el primer caso porque se llega a pensar que es normal que los hijos reciban alguna agresión de vez en cuando, pues se considera que ello es parte de la experiencia común de los niños y adolescentes; en el segundo caso, porque en ocasiones los padres no sólo no sancionan las conductas agresivas, sino que inclusive las refuerzan, celebrándolas y llegando al grado de presumir que sus hijos "se traen cortitos a los demás". Por último, como veremos con más detenimiento a continuación, un obstáculo importante lo constituye el hecho de que ni las víctimas ni los agresores comentan a sus padres o a las autoridades escolares que están involucrados en una situación de *bullying*, ya sea porque saben que pueden ser llamados a cuentas y sancionados (en el caso de los agresores), o bien porque temen que puedan sufrir agresiones más graves si denuncian (en el caso de las víctimas). Como se ha comentado en los capítulos anteriores, la solución a estos problemas de comunicación compete a los adultos. Si los padres y maestros no se muestran decididamente interesados en conocer y solucionar estos problemas, es erróneo esperar que la iniciativa surja de nuestros hijos o alumnos, pues, ya sea por vergüenza o por temor a sufrir represalias, invariablemente optarán por guardar silencio.

Es por ello que los adultos debemos redoblar nuestros esfuerzos; en el caso de los padres, intentando dedicar más tiempo a convivir con los hijos, pero haciéndolo de tal manera que ellos observen que respetamos sus actitudes, sus actividades, sus puntos de vista (sobre todo cuando se trata de adolescentes), de lo contrario ellos se encerrarán más en sí mismos, pues sentirán la presencia de los padres como una intrusión injustificada e inquisidora. Por este camino lo único que se logrará será que los hijos nos vean con mayor desconfianza, y concluirán que sólo nos acercamos a ellos para juzgarlos. Por otra parte, la reacción suscitada en los hijos por un intento de acercamiento poco cariñoso y poco respetuoso puede provocar en los padres reacciones agresivas, pues la frustración que produce fracasar en un intento de acercamiento suele provocar en los adultos respuestas intolerantes de las cuales sólo se logrará llegar a una situación completamente opuesta a aquella que se quería corregir.

Si el acercamiento a los hijos es adecuado, si ellos sienten confianza en los padres (confianza que, como todos sabemos, es casi natural que se vaya perdiendo conforme los hijos crecen y que sólo recuperaremos plenamente cuando se acerquen o lleguen a la edad adulta), lo siguiente es dedicar ese tiempo de cercanía con los hijos al diálogo, a que podamos contarles cómo nos fue en el día, para que de esa forma puedan comentarnos qué les ocurrió a ellos. Volvemos a insistir, si esta práctica se realiza para descalificar lo que los hijos hicieron, para decirles por qué creemos que no actuaron bien, o cómo pudieron haber actuado mejor, lo único que lograremos será perder la posibilidad de que nos cuenten sus problemas y, en consecuencia, quizá sea muy tarde cuando nos enteremos de que se han involucrado en un problema de acoso.

La buena comunicación es fundamental para el acercamiento con los hijos en cualquier situación.

A continuación presentamos un plan de acción para trabajar en casa con niños y adolescentes que sospechemos o sepamos que participan, activa o pasivamente, en un caso de *bullying*.

I. Primer paso: DETECTAR

¿Cómo detectar a un bully?

Detectar esto podría parecer la parte más fácil del problema, pero desgraciadamente no lo es, pues implica una serie de dificultades de dos tipos: unas competen a los niños acosadores, otras a sus padres.

En el caso de los jóvenes que acosan, la situación se complica desde el momento en que todos ellos tienen muy claro que sus acciones violentas son negativas y, en consecuencia, se cuidan de presentar las mismas conductas en casa. Como ya hemos comentado, en muchas ocasiones hemos sabido de jóvenes cuyas actitudes entre sus pares son desordenadas, groseras, agresivas, destructivas e, inclusive, ilegales; y sin embargo, tienen todo el cuidado de que en el ámbito familiar sean vistos como hijos cariñosos, cooperativos, atentos, ordenados, limpios, etc. En el caso de los *bullies* esto es una constante que no conoce excepciones, pues, como hemos visto, entre los rasgos que definen el *bullying* están el carácter sistemático de la agresión, la elección de una víctima débil, la intención de intimidar, devaluar o lastimar a la víctima. Todas ellas son acciones que no se realizan accidentalmente, sino que requieren de una planeación, pues el agresor tiene muy claros cuáles son sus objetivos y cuáles los pasos a seguir para conseguirlos.

Por todo lo anterior, pensar que el niño o joven acosador puede llegar a confesar su conducta por propia voluntad, es una situación que no podemos esperar que ocurra mientras no sea sorprendido, llamado a cuentas o se le sancione.

En síntesis, el *bully* actúa de manera alevosa y con ventaja, pero además con cautela, pues sabe que sólo puede salirse con la suya si no es sorprendido y reprendido por su conducta. No está de más aclarar que esta actitud consciente se agudiza con el crecimiento de los niños; si bien es cierto que las conductas de *bullying* se pueden presentar desde los primeros años de educación escolar, también es importante considerar que los niños pequeños pueden ejercer formas de acoso o exclusión sin ser totalmente conscientes del daño que pueden provocar en aquellos que padecen las agresiones. Pero así como esto es cierto entre los niños más pequeños, también lo es el hecho de que entre los adolescentes la conciencia del daño que pueden causar es cada vez más clara.

La segunda dificultad se deriva de la actitud de algunos padres, pues así como existen familias que saben que cualquier conducta violenta y destructiva debe ser sancionada, también existen los casos opuestos: los de padres y madres de familia que difícilmente pueden aceptar que sus hijos sean capaces de realizar alguna acción desordenada, reprobable o inclusive ilícita.

En este último caso, cuando los padres tienen alguna noticia de que su hijo es agresivo y coincide con el perfil del *bully*, con frecuencia nos encontramos con que tienden a defender o justificar la conducta de sus hijos, y argumentan que no se trata de abuso, sino que sus hijos saben defenderse. En estos casos no es tampoco extraño que lleguen a concluir que su hijo es un niño valiente que, por fortuna, "no se deja de nadie".

Esta situación se agrava si además consideramos que, como se revisó en capítulos anteriores, la conducta de un niño con estas características con frecuencia tiene su origen en el seno familiar. Es decir, el niño lo que hace es copiar, imitar conductas que ha visto a lo largo de su vida como normales en las relaciones entre los miembros de su familia, y posteriormente las pone en acción en espacios donde él es el que puede abusar. Un niño aprende conductas agresivas si su padre es autoritario, si ha padecido el abuso de parte de hermanos mayores o de sus padres, si la comunicación es deficiente o inexistente entre los miembros de la familia, si hay inestabilidad provocada por un divorcio o porque se descubre que uno de los padres mantiene relaciones extramaritales con otra u otras parejas, o por simples problemas de pareja que no se están resolviendo de manera adecuada.

En la mayoría de los casos los niños agresivos repiten conductas vividas en su casa.

Éstos son algunos de los antecedentes que pueden provocar en los niños el desarrollo de una personalidad violenta. Si un niño ha crecido en contacto con alguno o varios de estos rasgos de falta de estructura familiar, no sólo desarrollará una conducta violenta, sino que, es muy probable que cuando dañe a otro niño llegue a creer que la víctima se tiene bien merecido el maltrato, lo que provoca una de las consecuencias más lamentables: la ausencia de algún sentimiento de culpa.

Para romper con estos obstáculos que nos alejan de la posibilidad de corregir estas conductas violentas, primero se debe hacer un análisis responsable y honesto de las conductas que se dan en casa y de los ejemplos que se están dando a los hijos. En segundo lugar, se debe estar muy atento a la conducta de los hijos, a sus acciones, al tipo de amigos que tienen, a sus pertenencias, a su aspecto, etc. En el documento *Acoso escolar: desde la sensibilización social a una propuesta de intervención. Reflexiones desde la legislación española*, los autores[5] indican las siguientes pistas para observar si un niño o un adolescente es un agresor, lo que también nos ayudará a descubrir si realiza la práctica del *bullying* sobre algún compañero al que ha colocado en la posición de víctima para satisfacer una necesidad destructiva y una mala interpretación del poder que se puede ejercer sobre los otros (no liderazgo, no interés por proteger, sino deseo de lastimar e intimidar):

- Se muestra agresivo con los miembros de la familia.
- Es reservado y casi inaccesible.
- Tiene objetos que no son suyos y que no sabe explicar y justificar de dónde proceden.
- Cuenta mentiras para explicar su conducta.
- Dice mentiras sobre otras personas, llegando incluso a dañarlas o perjudicarlas.
- Los padres de la víctima o de otros menores han mencionado que este muchacho ha agredido a otros.
- Si otros compañeros del agresor se mantienen callados en presencia de éste.

[5] Nazario José María Lozada, Miguel Ángel Alcázar, José Carlos Bouso, Gregorio Gómez Jarabo, en *http://www.cuci.udg.mx/departamentos/letras/numeros/articulos4/art.%201%20acoso%20escolar..pdf*

Aparte de estos indicios que nos pueden ayudar a descubrir alguna conducta agresiva, también existen causas y circunstancias de índole diversa, que ya revisamos en el capítulo anterior, que pueden contribuir al desarrollo de una personalidad agresiva mal encaminada (como por ejemplo, ciertos rasgos de personalidad, el entorno social, la influencia de los medios de comunicación, el entorno escolar, cambios de domicilio, enfermedades, hospitalizaciones, etc.).

¿Cómo detectar a una víctima de bullying?

Identificar a un niño o a un adolescente que esté siendo víctima de acoso también implica dificultades que no tienen fácil solución, pues nos enfrentamos a una situación contradictoria, paradójica: lo lógico sería suponer que un menor que padece agresiones debería pedir ayuda a sus padres o a las autoridades escolares para que lo ayudaran a resolver dicha situación; sin embargo, en la gran mayoría de los casos no ocurre así. En muy pocas ocasiones ocurre que le cuentan a un amigo, quien seguramente no posee la información necesaria para orientarlos.

Cuando un niño es víctima de acoso sufre diversos trastornos psicológicos, entre los cuales el miedo es uno de los primeros que se manifiestan. Tiene miedo de que las amenazas que le hacen se vuelvan realidad, tiene miedo de que las agresiones sean cada vez peores, tiene miedo de que lo golpeen; pero también tiene temor de que lo exhiban y ridiculicen por chismoso, por acusón, porque "no es lo suficientemente hombrecito para aguantarse y corre con su mamá para que lo proteja". Estas acusaciones, por más que parezcan ridículas, tienen un poder abrumador entre los niños y los adolescentes. Además, con frecuencia la amenaza que padecen obstaculiza la posibilidad de que pidan ayuda, pues se les dice que si denuncian les irá peor.

Como ya vimos, los niños que son intimidados suelen ser chicos que tienen dificultades para establecer relaciones sociales de igualdad con los demás, en ocasiones esto ocurre porque desde pequeños han sido niños sobreprotegidos por los padres, lo que inhibe el correcto desarrollo del carácter del menor y de sus habilidades para socializar. Ante esta deficiente competencia social es común que actúen como los graciosos del grupo, los que hacen cualquier cosa para ser aceptados, los que molestan a otros compañeros provocando su malestar y propiciando que se les insulte o golpee; o bien, son introvertidos, torpes, silenciosos, creen que cuanto menos ruido hagan, menos llamarán la atención.

Los niños o jóvenes que son víctimas casi siempre presentan dificultades para establecer buenas relaciones sociales con los demás compañeros.

De la misma manera que hicimos en el apartado anterior, mencionaremos a continuación algunas de las características que puede presentar el niño que está siendo víctima del *bullying,* para lo cual nos hemos apoyado en algunos autores (Voors, 2005, pág. 66;

Harris y Petrie, 2003, pág. 130) que subrayan diversos rasgos característicos en los niños y adolescentes que son acosados:

- Caída inexplicable de los resultados académicos.
- No quiere asistir a la escuela ni participar en las actividades escolares o sociales y da explicaciones poco convincentes para justificar su actitud.
- Procura evitar a sus compañeros, sobre todo a los de edad semejante a la suya, por lo cual no tiene amigos en su tiempo libre.
- Evita las actividades del tiempo libre, como excursiones, participación en equipos deportivos, etc., donde pueda encontrar a sus compañeros.
- En la escuela reportan que está mucho tiempo solo.
- No es invitado a fiestas o reuniones.
- Llega a casa enfadado porque no comió el almuerzo, ya que se lo robaron o le quitaron el dinero (todo o en parte) que llevaba para comprar algún alimento.
- Roturas en la ropa, prendas desgarradas, etc.
- Dice en la casa que constantemente "pierde" sus objetos personales (juguetes, calculadoras, apuntes, suéteres, etc.).
- Dolores de cabeza, de estómago, u otras indisposiciones inexplicabes (reales o fingidas) que utiliza como argumento para no asistir a la escuela o para que lo recojan antes de la hora de salida.
- Signos de ansiedad: si son niños pequeños,

mojan la cama, se muerden las uñas; si son mayores (preadolescentes o adolescentes), parecen tristes, actúan de forma extraña, son huidizos, están nerviosos o irritables.

- Interrupciones frecuentes del sueño o dormir más horas de lo normal u otros cambios en las pautas del sueño.
- Súbita pérdida del interés por actividades que antes le gustaban.
- Aspecto triste y deprimido.
- Muestra cambios de conducta: de pronto se vuelve disgustado, triste, estresado, asustadizo, absorto en sus pensamientos, olvidadizo.
- Arranques de mal genio.
- Pérdida del apetito.
- No quiere hablar de lo que pasa en la escuela.
- Llega a presentar heridas y moretones de aparición inexplicable.
- Da pobres excusas a cualquiera de las circunstancias anteriores.

¿Cómo saber si en los lugares que frecuenta mi hijo o mi hija se da el bullying*?*

Poder detectar si su hijo o hija es un *bully* o si es víctima de una situación de acoso es sólo una parte inicial del problema, no su solución. Si llegamos a la conclusión de que nuestro hijo está involucrado en un problema de *bullying* es importante iniciar otras acciones: en principio, indagar si algunos otros compañeros han observado las situaciones de acoso e intimidación; posteriormente, tener una clara idea de cuáles son los lugares en los que el *bullying* se desarrolla.

En primer lugar, como se habló en el capítulo anterior, además del agresor o la víctima, un papel muy importante es el que desempeñan los observadores, quienes también cargan emociones fuertes al ser testigos de conductas de intimidación y/o agresión. Por esto es que los niños que son testigos de estas actitudes violentas también suelen guardar silencio al respecto, lo que de manera involuntaria los coloca en la posición de cómplices de la agresión, pues no se dan cuenta de que al no impedirla la toleran. Además, el menor que observa una situación de acoso no sólo no interviene en defensa de la víctima, sino que tampoco hace comentarios al respecto, pues teme posibles represalias en su contra. Por ello es importante hacer entender a los niños observadores que su denuncia de los hechos tiene un gran valor para la comunidad, que su participación es fundamental para que se terminen los actos de acoso. Si logramos que el testigo se sienta gratificado en su conciencia por haber comentado oportunamente los hechos que observó, es muy probable que su testimonio se convierta en un elemento fundamental para resolver el problema. Para que ello ocurra, es muy importante que el testigo en ningún momento llegue a suponer que los adultos confundimos la denuncia con la acusación, es decir, que no lo consideramos un chismoso, pues eso lo desalentaría. Por otra parte, es necesario transmitirle la seguridad de que él no correrá ningún peligro de parte del o los agresores, pues tendrá nuestro respaldo incondicional.

Es preciso saber en qué lugares sucede el *bullying* (escuelas, centros recreativos, centros comerciales, parques, algunas calles en particular, salones de fiestas, etc.), porque nos permitirá intervenir de manera oportuna cuando resulte necesario, ya sea poniéndonos en contacto con la autoridad competente en el lugar del que se trate, o bien, manteniendo una vigilancia cercana cuando tengamos información suficiente como para saber que nuestro hijo puede involucrarse en un problema (ya sea porque lo cause, porque lo padezca, o porque lo presencie).

Para poder saber si se da el *bullying* en los lugares que frecuentan los hijos lo más importante sería conocer estos sitios con anticipación, saber si existe vigilancia de parte de alguna autoridad o de un grupo de seguridad; de ser posible, recorrer dichos lugares con nuestros hijos para que en su fuero interno quede la certeza de que tenemos cierto control sobre lo que puede hacer ahí y a qué puede estar expuesto. Sin duda lo más importante sería poder estar ahí, es decir, que los hijos e hijas (sin importar si son agresores o víctimas) sepan que estamos al alcance de la mano, aunque no participemos directamente en sus actividades. Es claro que esta actitud vigilante puede ponerse en práctica mientras los hijos son pequeños, pues normalmente una vez que ingresan a la secundaria, o incluso antes, pretenden poner una distancia clara ante la presencia vigilante de los padres; de cualquier forma, es importante intentar hacerlo, sin pasar por alto que muchos de los casos de *bullying* se dan entre niñas y niños que cursan la primaria.

Es importante tener el mayor conocimiento posible tanto de los lugares que frecuentan los hijos, como la compañía con la que van.

Es necesario hacer énfasis en el hecho de que el conocimiento de los lugares en los que los hijos pasan el tiempo, así como conocer a aquellos con quienes se juntan, a veces no es suficiente para poder prevenir y enfrentar un problema de *bullying*, ya que en ocasiones estas conductas pueden desarrollarse frente a nosotros y no las consideramos con la seriedad necesaria porque no tenemos la información para poder detectarlas adecuadamente y para saber qué hacer. Es decir, además de contar con la información correcta del lugar hay que estar ahí en el momento oportuno y con la respuesta adecuada.

En el caso de los niños que aún no tienen edad suficiente para que puedan ir solos a estos lugares, es importante que alguno de los padres esté presente, o que por lo menos haga un recorrido por el sitio en el que dejará a su hijo y que tenga una idea clara de las actividades que ahí se pueden realizar y quiénes suelen participar en ellas. También en este caso es muy importante contar con información sobre las personas que vigilan el lugar. Todas estas medidas serán más eficaces si previamente se habla con los niños y niñas respecto de lo que deben hacer si se ven involucrados en una situación amenazadora, tanto si se tiene sospechas de que sea él o ella quien pueda llevar a cabo una agresión hacia algún otro, si pueda padecerla o bien simplemente ser testigo. Recordemos que los tres tipos de participantes sufren consecuencias emocionales graves que no podemos pasar por alto.

Cuando se trata de jóvenes más grandes, que ya no permiten la presencia de los padres tan fácilmente, es más importante que nunca reforzar el diálogo e intentar tener la mayor cantidad de información posible del lugar a dónde van, las personas con quienes van, lo que hacen, etc., sin caer en actitudes persecutorias o en actos de intromisión que sólo provocarán que los hijos se vuelvan más reservados ante los padres.

II. Segundo paso: INFORMAR

Una vez que se ha detectado el problema (tanto si su hijo o hija ha participado como *bully*, como víctima, o como testigo de este tipo de conductas), es muy importante platicar con él o con ella, brindarle toda la confianza que se requiere para que permita recibir ayuda y darle información acerca de qué es el *bullying*, de los tipos de *bullying* que hay, quiénes son los participantes que se involucran, por qué es una conducta negativa y cuáles son las consecuencias que puede acarrear para cada uno de los distintos participantes.

Como ocurre en el caso de toda conducta negativa que debemos sancionar en los hijos, en el caso de los padres de menores que acosan es importante que el hijo o la hija advierta dos actitudes importantes: la convicción con que se rechazan ese tipo de conductas, sin medias tintas, sin excepciones, por un lado; por el otro, la calidez de quien desea ayudarlo y brindarle todo el apoyo que la situación requiera, no para justificarlo ni para hacerse cómplices de él, sino para reorientar una conducta negativa y tratar de transformar el ánimo agresivo que la originó en actitudes productivas, de liderazgo positivo. Si los padres no estamos convencidos de que cualquier manifestación de violencia ejercida sobre alguien más débil es una conducta negativa, perniciosa, abusiva, destructora, y que puede acarrear consecuencias negativas irreparables, nunca podremos transmitir a nuestros hijos un mensaje ejemplar. Sólo lograremos que los menores nos crean si estamos convencidos de que todo abuso de poder sobre los que son considerados más débiles es dañino física, psicológica y éticamente hablando (para quien lo padece y para quien lo ejerce).

Independientemente de si los hijos son agresores o víctimas, es muy importante que los padres estén convencidos de que cualquier conducta violenta es negativa y así deben transmitirlo.

En el caso de los padres de hijos que son víctimas de situaciones de acoso (que han padecido marginación, intimidación, amenazas o golpes), la situación se torna más delicada. En primer lugar, si el padre o la madre están angustiados porque han descubierto que su hija o su hijo son víctimas de abuso, es muy probable que en lugar de ayudarlo lo llamen a cuentas, lo regañen y lo hagan sentir mal por haber permitido que lo agredieran, por no haber sabido defenderse. Esto sólo incrementará la angustia de quien vive la situación de ser víctima, pues de pronto advertirá que no hay un solo espacio en el cual pueda estar tranquilo y que los que lo rodean (en la escuela, en la calle, en la casa) siempre encuentren en él deficiencias. Esto puede provocar serios problemas de depresión y aislamiento. Para evitar estas situaciones extremas es importante que el hijo que ha sido víctima de abuso se sienta comprendido, que se le transmita la certeza de que los padres saben cómo se siente y respetar sus sentimientos, y que por ello están dispuestos a brindarle ayuda. Sin embargo, también en este caso se debe mantener una actitud en la que el cariño se acompañe de firmeza, para hacer ver a la víctima que no se debe tolerar ninguna situación de acoso, de abuso, de maltrato. Asimismo, que ningún otro niño o joven puede presumir de ser superior, para lo cual se deben exaltar los valores propios del hijo o de la hija que hayan sido acosados: los talentos particulares, las habilidades físicas, el buen humor, la imaginación, etc. Pero, de la misma manera que concluimos el párrafo anterior, debemos tener en cuenta que sólo lograremos una transformación radical de los niños y niñas víctimas del *bullying* si estamos absolutamente convencidos de lo que defendemos: la dignidad, la tolerancia, el respeto, la cooperación; valores que debe enfrentar el menor a los antivalores opuestos: la violencia, el abuso, la intolerancia y el afán de poder a costa de cualquier cosa.

Obviamente, el acercamiento con los hijos dependerá de la edad de éstos, pero en términos generales se recomienda tener una respuesta abierta, breve y concreta *(a, b, c)*.

La respuesta con los hijos debe ser:

A. *abierta*
B. *breve*
C. *concreta*

Además de lo anterior se puede utilizar, por ejemplo, la información de los cuadros del capítulo anterior que aquí reproducimos nuevamente:

Por bullying *se entiende: una forma de comportamiento agresivo, intencional y dañino, que es persistente, y cuya duración va de unas semanas a, en ocasiones, meses; a las víctimas les resulta muy difícil defenderse. Siempre hay una abuso de poder y deseo de intimidar y dominar.*

En el bullying *participan:*

- *Agresor*
- *Víctima*
- *Testigos*

Hay cuatro tipos de bullying:

- *Físico*
- *Verbal*
- *Gestual*
- Cyberbullying

Algunas de las consecuencias más importantes de cualquier tipo de bullying *son:*

- *Inseguridad y baja autoestima.*
- *Problemas de conducta.*
- *Problemas de salud y ansiedad.*
- *Familias y relaciones disfuncionales.*
- *Comportamientos agresivos e incluso delictivos.*
- *Personalidades depresivas.*
- *Los niños dejan de ir a la escuela.*
- *Pensamientos sobre la muerte y los riesgos suicidas.*

III. Tercer paso: OFRECER ALTERNATIVAS

Si ha descubierto que su hijo es un bully,
le recomendamos:

- Hablar con él de cómo tener un acercamiento con los demás de manera más asertiva.
- Trabajar con él la inteligencia emocional.
- Trabajar el dominio de la impulsividad.
- Trabajar la autoestima.

- Reflexionar acerca de los sentimientos de aquellos a quienes intimida: fortalecer la empatía.

En primer lugar, antes de trabajar los aspectos arriba mencionados, es importante establecer medidas disciplinarias generales que permitan reforzar acciones positivas y no aquellas que estén basadas sólo en castigos o represalias (Harris y Petrie, 2003). Recordemos que los hijos van aprendiendo de las conductas con las que les vamos transmitiendo las normas de disciplina y de comportamiento. No se le puede pedir a un niño que deje de gritar, gritándole. Aprende más de lo que está viendo que de lo que está escuchando.

En cuanto al uso de la *asertividad*, ésta será necesaria en el trabajo para prevenir el *bullying*. La asertividad no es otra cosa más que actuar y responder de la manera adecuada, concreta y positiva ante un problema o situación que así lo amerite. Existen tres formas principales de responder a una situación o problema: una pasiva, una agresiva, y una asertiva. La pasiva consiste en no hacer nada, dejar que el problema pase o se olvide; la forma agresiva tiene que ver con respuestas más violentas e impulsivas; por último, la asertiva, en la cual los individuos tienen que pasar por un proceso de introspección emocional y racional para poder dar una respuesta justa y medida, es decir, adecuada.

La asertividad es la forma de responder de manera adecuada y positiva ante una situación.

Respecto a la *inteligencia emocional* (Daniel Goleman, 1995), es importante considerar que los seres humanos necesitamos aprender formas de autodominio, persistencia, la capacidad de motivarse uno mismo y, sobre todo, la intención de controlar y refrenar el impulso emocional, impulso que en muchas ocasiones no pasa a través de la razón. El concepto de inteligencia emocional aparece a mediados de los años noventa como un componente para complementar la inteligencia racional, abordando el tema de las emociones. Justamente son éstas, las emociones, uno de los principales conceptos que se ponen en juego con el tema del *bullying*. De esta forma, la inteligencia emocional será una herramienta muy importante en el control y prevención de este tipo de conductas. La inteligencia emocional nos permitirá ser más conscientes de nuestras emociones, más tolerantes ante las adversidades que nos presenta la vida cotidiana, así como más comprensivos con los demás. Todo ello acarreará beneficios a corto plazo en nuestras relaciones sociales.

Para el trabajo con esta inteligencia, se necesitará dar importancia a los siguientes puntos (*íbid.*, pág. 64):

- Conocer las propias emociones.
- Manejar estas emociones (como un proceso racional, derivado de la voluntad, no de los impulsos irracionales).
- Tener una motivación propia.
- Reconocer las emociones de los demás y poder manifestar empatía con ellas.
- Manejar bien las relaciones con los demás.

En lo que se refiere a la *impulsividad*, ésta está asociada con tres aspectos básicos que se entrelazan en la conformación del comportamiento impulsivo: actuar sin pensar, incrementar la velocidad de respuesta y la impaciencia. Al analizar la unión entre estos factores, encontramos otros indicadores estrechamente relacionados con aquéllos, como un bajo control de impulsos y poca tolerancia a la frustración (Bérubé, 1991).

Los homínidos que fueron nuestros antepasados tenían un cerebro menos evolucionado que el nuestro; sin embargo, se trataba de un cerebro programado para la vida, es decir, les permitía enfrentar las adversidades del medio y conservarse vivos. En muchas situaciones de riesgo, que ponían en juego la supervivencia, la precaria información que ese órgano generaba les permitió luchar contra enemigos diversos (de su especie o de otras), incluso aniquilarlos si esa era la respuesta necesaria. Hoy en día no necesitamos matar a nadie para sobrevivir, hemos desarrollado diversos recursos para hacerlo: herramientas, sistemas sociales, obras artísticas, etc., en síntesis, una cultura que nos recuerda continuamente que debemos pensar antes que actuar, anteriormente actuábamos y no pensábamos.

En este sentido, podemos clasificar las reacciones en dos grupos: unas en las que se piensa primero, y otras de carácter impulsivo (que, como hemos visto, tienen un origen primitivo). En cuanto a las reacciones impulsivas, Goleman (*Op. cit.*) dice: "Todas las emociones son impulsos para actuar, planes instantáneos para enfrentarnos a la vida que la evolución nos ha inculcado" (pág. 24).

Ahora, esto se va a ver moldeado por una serie de características que incluyen, por ejemplo, nuestra cultura, nuestros pensamientos, nuestras creencias. En pocas palabras, por toda nuestra experiencia, por la experiencia acumulada a lo largo de toda la vida, desde la infancia, se verán modificadas nuestras formas de reaccionar.

El trabajo con la impulsividad implica pensar más antes de actuar, controlando la excitabilidad y la baja tolerancia a la frustación.

E. D. Copeland y V. L. Love (1995) nos señalan una lista de características que contribuyen a detectar la impulsividad, lista que, en su momento, podría servir para detener situaciones impulsivas que pudieran derivar en *bullying*. Algunas de estas características son: demasiada excitabilidad, baja tolerancia a la frustración, pobre habilidad de planeación, dificultad en situaciones grupales en las que se requiere paciencia para actuar por turnos, y posibilidad de involucrarse constantemente en problemas por comportamientos inapropiados.

Para trabajar la *autoestima* recordemos que aunque a primera vista el niño agresivo muestra señales de fortaleza y seguridad, en el fondo está encubriendo sentimientos de inseguridad que la mayoría de las veces están relacionados con una baja valoración de sí mismo. En este sentido es importante trabajar con el niño resaltando sus características positivas los aspectos valorativos de su manera de ser y las ocasiones en que puede ser asertivo, ya que podría ser que la conducta agresiva que presenta en determinadas situaciones sea resultado de tener sentimientos no resueltos u ocultos de enojo, dolor, celos, envidia, etc.

Por último, debemos recordar que la *empatía* es de vital importancia para la comunicación y el buen establecimiento de relaciones con los demás. Muchas personas confunden empatía con simpatía, pero la empatía es mucho más que eso. De acuerdo con el Diccionario de la Real Academia, empatía es la identificación mental y afectiva de un sujeto con el estado de ánimo de otro. Proviene del griego *empateia*, que quiere decir simpatizar. Sin embargo, el significado profundo de empatizar tiene que ver con la capacidad que una persona tiene de poder vivenciar de forma personal lo que otra persona está experimentando, así como compartir los sentimientos de ésta. En pocas palabras, "es la habilidad para entender las necesidades, sentimientos y problemas de los demás, poniéndose en su lugar, y responder correctamente a sus reacciones emocionales" (*Wikipedia.com*). Todo el trabajo de la empatía nos ayuda a que una persona pueda comprender mejor el comportamiento propio y el de los demás. De ahí que sea necesario que uno pueda establecer una buena empatía en el trabajo de prevención de *bullying*. Si uno puede transmitir a los hijos la importancia de los sentimientos de los demás, éstos serán tomados en cuenta a la hora de establecer relaciones, las cuales serán de mejor calidad, menos perjudiciales y dañinas, y más benéficas para todos.

> *Trabajar una buena valoración de sí mismo (autoestima) y un buen reconocimiento de las emociones de los demás (empatía) ayudan en los problemas de bullying.*

Si ha descubierto que su hijo es víctima del bullying, *le recomendamos:*

- Hacer explícita la preocupación.
- Tratarlo con respeto.
- Trabajar su autoestima.
- Cuidar que no nos enoje la situación.
- No dar explicaciones "sabias".
- Ofrecer alternativas.

Para empezar, es muy importante tener claro que el problema de acoso difícilmente lo pueden resolver los niños y adolescentes por sí solos. Tampoco es un problema que deban solucionar los padres, sino que se debe apoyar a los hijos para que lo resuelvan y lleguen a soluciones por ellos mismos (Voors, 2005).

Como vimos anteriormente, la mayoría de los padres de chicos que son acosados suelen ser sobreprotectores, y no dejan espacio para que ellos participen en la solución de sus propios conflictos. Si esta actitud es constante, los hijos suelen crecer con gran inseguridad y con el paso de los años desarrollan un carácter dependiente, que los vuelve poco hábiles para manejar situaciones conflictivas, lo que los convierte en víctimas fácilmente identificables por parte de los abusadores. Además, un padre y una madre sobreprotectores podrán resolver un problema de acoso, pero su hijo o hija tarde o temprano volverá a ser víctima de algún otro acosador. Descubrir que un hijo o hija es víctima de acoso es algo que se puede saber de dos maneras distintas: directamente, cuando los padres reciben el testimonio de parte del menor que es víctima, o bien de parte de algún compañero que ha sido testigo de las situaciones de abuso; o indirectamente, cuando los padres perciben que el hijo o la hija llega a casa con evidencias de golpes inexplicables, pierde objetos con frecuencia, su ropa suele estar maltratada (garabateada, manchada, rota); o bien, cambia su estado de ánimo, se deprime, tiene temor de acudir a la escuela, inventa malestares frecuentes, etc., lo que se suma a todas las demás situaciones que analizamos anteriormente.

Lo que nosotros sugerimos hacer, tanto cuando nos enteramos de manera directa como de manera indirecta, es lo siguiente:

Hacer explícita la preocupación que se siente por la situación que atraviesa el menor, es decir, no permitir que se quede con la impresión de que los padres minimizan el problema o no le dan ninguna importancia. Si el hijo o la hija perciben una actitud desinteresada o excesivamente alarmista de parte de sus padres (sin importar si su intuición es correcta o equívoca), por lo común romperán toda posibilidad de solicitar ayuda con confianza a sus padres. Si el padre está preocupado, pero finge no estarlo tanto (porque así es su carácter, porque suele dudar de lo que sus hijos le dicen, porque aspira a ser objetivo en sus decisiones y cree que debe mantenerse siempre impasible, etc.), el hijo o la hija que sufre el acoso se sentirá defraudado y se habrá perdido toda posibilidad de que le confíe lo que ha estado ocurriendo. Es lógico suponer que si los padres no cuentan con esa información, no podrán tomar las decisiones correctas para resolver el problema.

Tratarlo con respeto, es decir, mostrar un franco interés en el problema que está contando y, sobre todo, en lo relacionado con sus emociones y sentimientos. Los padres deben tener en cuenta que un menor que es víctima del *bullying* con frecuencia sufre en silencio, pues teme que si denuncia sufrirá represalias adicionales ("por chismoso", "porque no sabe aguantarse", "porque necesita que su mamá lo cuide" y muchas otras burlas intimidatorias que ha tenido que padecer —las más de las veces de forma soez). Debemos comprender que si decide pedir ayuda, es porque debe de estar desesperado y en su interior guarda aún la convicción de que los padres pueden ayudarle a salir de la situación en que está, pues sólo ellos se interesarán con seriedad en su problema.

Trabajar su autoestima es importante ya que, como hemos mencionado antes, una de las consecuencias más frecuentes en las víctimas es una baja valoración de sí mismos. Los individuos crecen y forman su personalidad tomando aspectos del exterior. De esta forma, si lo único que el niño está introyectando son aspectos negativos, su autoestima se verá devastada, con lo que en ocasiones se genera un círculo vicioso, pues mientras peor se sienta más dejará que lo victimicen. Es necesario ayudarlo a revalorar y apreciar los aspectos positivos de su personalidad, principalmente dentro del ambiente familiar (los que a veces obviamos) para que luego él pueda generalizar estos valores en otros ámbitos y aprenda a quererse y respetarse de modo que logre obtener el respeto los demás.

Por lo anterior, *se debe tener cuidado de que no parezca que nos irrita su petición de ayuda*: no se le debe regañar. Muchos padres y madres suelen explotar cuando sus hijos los colocan frente a un conflicto, y en lugar de dar una respuesta asertiva, le cobran a gritos a los hijos el que los hayan sacado de su tranquilidad. No hay que reclamarle porque no sabe defenderse (algunos padres dan consejos sobre cómo vengarse, sobre lo que harían ellos en el lugar del hijo, etc.). Tampoco es correcto acusarlo de no saber aguantarse, y menos aún exigirle —en el caso de los hombres— que sea "más hombrecito" o "más macho". Todo esto contribuye a incrementar la sensación de devaluación que siente respecto de su propia persona, como resultado del proceso de intimidación y acoso al que ha sido sometido.

Tampoco se le deben dar explicaciones supuestamente sabias del tipo "sufrir también es un aprendizaje", "es normal que se lleven así los niños y los jóvenes", o bien, "todos hemos pasado por eso". Comentarios de este tipo le hacen sentir a la víctima que su problema no es importante para los demás y que tendrá que aprender a sufrir a solas, lo que puede dar lugar a que ésta desarrolle una conducta masoquista, pues aprenderá a vivir sufriendo, a veces con una confusa idea de compensación que le dirá qué, en cuanto pueda, deberá acosar y lastimar a otros más débiles.

Es importante que los hijos se sientan escuchados y apoyados por los padres.

Todo lo antes expuesto carecerá de sentido si no se le *ofrecen alternativas* para enfrentar estas situaciones. Esto no significa aconsejarle que si le pegan, pegue, porque en lugar de enfrentar un problema de agresión de manera asertiva, se estaría fomentando la agresividad. Debemos tratar de enseñar a los hijos a que se defiendan pensando en sus rasgos positivos (sean éstos físicos o de carácter), enseñarlos también a cuidar de no colocarse en posiciones donde lo identifiquen como blanco del acoso, o, en el caso del *cyberbullying*, por ejemplo, es importante enseñarlos a no meterse a sitios en Internet donde puedan quedar expuestos a recibir ofensas o burlas anónimas, a no dar datos personales (nombre, dirección de correo electrónico, número telefónico, número de celular, etc.). Además, es necesario insistir en que deben denunciar los hechos y acudir a las autoridades que puedan ayudarlos a resolver adecuadamente su problema.

Con lo anterior hemos querido poner énfasis en la importancia de que los padres muestren también una actitud asertiva ante el problema de acoso que sufre el hijo o la hija. Si los menores acosados advierten el interés que tenemos los padres, si les hacemos saber que nos preocupa lo que nos cuentan y hacemos explícito nuestro deseo de ayudarlos, podremos tener conocimiento de las situaciones que han ocurrido; de lo contrario, si los hijos e hijas advierten poco interés de nuestra parte, o bien que utilizamos su confidencia como excusa para sermonearlos, regañarlos o exhibirlos como inútiles que no saben defenderse, perderemos toda oportunidad de que encuentren en nosotros la ayuda óptima para resolver sus problemas.

La cultura de la denuncia vs. la ley del silencio por temor y el papel de los testigos.

Ante una situación de acoso sin duda es muy importante que los padres se enteren de lo que está ocurriendo, lo de menos es si toman conocimiento de los hechos de manera directa o indirecta, pues lo más importante es poder ayudar al menor acosado a resolver el problema del que forma parte como víctima.

Sin embargo, es evidente que el conflicto se resolverá de mejor manera si el hijo acosado puede contar a sus padres lo que le ocurre, por la simple razón de que quien denuncia ha dado ya el primer paso para resolver el problema, mientras que un menor que se siente descubierto por sus padres (o por cualquier otra autoridad) se resistirá a recibir ayuda, llegando inclusive a negar los hechos de los que es víctima, pues es claro que si no se atrevió a pedir ayuda es porque en su ánimo pesa más el miedo a las represalias (burlas o golpes) que la posibilidad de recibir ayuda.

Por esto es importante comentar con los hijos (ya sean víctimas o testigos) cuáles son los aspectos positivos de realizar una denuncia responsable y oportuna (por ejemplo, no hacerse cómplice de una conducta violenta, dañina o francamente ilícita, que pueda poner en riesgo la integridad de ellos mismos o de otras personas).

Asimismo, es necesario aclarar a los hijos que la denuncia no significa una falta de lealtad al grupo de compañeros cuando está guiada por un objetivo superior que tiene que ver con la necesidad de preservar la dignidad de todos los individuos del grupo, así como su integridad física.

Por último, los hijos e hijas deben saber que no es lo mismo hacer una denuncia responsable que acusar a otro con el ánimo de que se vea perjudicado. Entre denuncia y chisme hay una gran diferencia. La denuncia implica un compromiso social, al mismo tiempo que una exigencia de solución y una invitación a los otros miembros del grupo a que participen de manera decidida en contra de la conducta destructora. El chisme es velado, malintencionado y suele ser anónimo. La denuncia es un acto de valor civil, una vía para resolver los problemas de *bullying*. El chisme, el rumor, se construyen sobre una mala intención y pueden ser una manifestación de *bullying*.

El chisme es velado, malintencionado y suele ser anónimo. La denuncia es un acto de valor civil, una vía para resolver los problemas de bullying.

Es muy importante que los jóvenes adviertan que así como hay una gran diferencia entre denunciar y propagar chismes, de la misma manera tienen significados muy distintos las acciones solidarias y la complicidad. Quien se comporta solidariamente con su grupo es aquel que realiza acciones de ayuda a favor de una mejora de todos los que participan de ese grupo, en consecuencia, la solidaridad mejora la situación de quien recibe la ayuda y la de quien proporciona; por otra parte, quien se convierte en cómplice de sus compañeros, está contribuyendo a encubrir una conducta ilícita, encubrimiento que a la larga puede acarrear mayores problemas del grupo en cuestión.

Los padres y los profesores (de estos últimos nos ocuparemos de forma específica en el siguiente capítulo) debemos tener claro que el éxito del *bully* depende en buena medida de que logre atemorizar a su víctima a tal grado que no se atreva a denunciarlo. Cuando el *bully* descubre que aquel a quien ha elegido como objeto de sus agresiones está "muerto de miedo", tiene la seguridad de que podrá ser cada vez más brutal y que la víctima cada vez estará más a su merced, es decir, cada vez dependerá más de sus caprichos y agresiones para poder "funcionar" en el grupo al que —por desgracia— le ha tocado pertenecer.

De todo esto podemos concluir que en la relación entre *bully* y *bullied* (es decir, entre agresor y agredido, entre acosador y acosado):

- La violencia del acoso se incrementa en proporción directa del silencio que guarde la víctima por temor.
- La violencia decrece en proporción directa de la confianza que tenga la víctima en su capacidad de denunciar y en que será escuchada por las autoridades.

En conclusión, los padres debemos estar conscientes de la importancia de educar a nuestros hijos en una cultura de la denuncia (que no significa acusación artera, traición, chisme), como parte de una preparación ética y cívica responsable. Los niños y adolescentes que crezcan con esta convicción, no sólo resolverán de mejor manera la posibilidad de ser víctimas del *bullying*, sino que además crecerán como ciudadanos más responsables y comprometidos con su sociedad, que no estarán dispuestos a tolerar actos de autoritarismo.

Sólo hace falta agregar que, como en todo acto de comunicación, de nada servirá educar a los hijos en la cultura de la denuncia, si no nos convertimos en receptores atentos y asertivos de sus comentarios. Contribuir a formar jóvenes que ya no estén dispuestos a guardar silencio, para no escucharlos, para burlarse de ellos, o para mostrarles que son absurdos sus reclamos, es una contradicción que a la larga puede resultar más dañina, pues podría suscitar resentimiento hacia cualquier figura de autoridad y, en el peor de los casos, también puede ser motivo de que se acepten las injusticias que se padecen porque se ha llegado a la conclusión de que no hay relación entre las palabras y los hechos.

IV. INFORMAR A LAS AUTORIDADES

Como hasta aquí hemos visto, establecer una comunicación adecuada con el niño o la niña que es víctima de acoso es muy importante. Sin esta comunicación (en la que debe predominar el respeto y la confianza) es muy difícil que podamos ayudar a nuestros hijos a resolver el problema que padecen. Sólo a partir de una comunicación franca y bien intencionada (como se supone debe serlo entre hijos y padres) se pueden tomar otras medidas encaminadas a solucionar el problema de *bullying* del que son víctimas tantos niños y adolescentes de todos los niveles sociales.

Cuando la dimensión del problema así lo amerita, es importante acudir a las autoridades competentes con propuestas claras.

Una vez que la comunicación se ha llevado a cabo de manera satisfactoria, y se ha analizado la dimensión del problema, es importante informar a las autoridades competentes sobre la situación:

- Si se trata de un problema de *bullying* en la escuela, hay que avisar a las autoridades escolares (al director o la directora, al depar-

129

tamento de psicopedagogía, al departamento de servicio social o a la asociación de padres de familia). Este trabajo informativo deberá apoyarse en un proceso de reflexión sobre la responsabilidad personal en el conflicto, e intentar no buscar culpables. No resolveremos nada si nos damos a la tarea de pedir que "se borre" el problema expulsando a los "culpables". Es mejor pensar en una labor formativa para así poder resolver este tipo de situaciones a largo plazo y no sólo quitarnos de encima el problema inmediato.

- Si las agresiones ocurren en un club social, lo recomendable es acudir a la administración o a la mesa directiva.
- En el caso de *bullying* en lugares públicos (salones de fiestas, centros comerciales, canchas de futbol, boliches, etc.) es recomendable acudir a los encargados de la vigilancia.

En cada uno de estos casos es muy importante acudir a las autoridades con un plan de trabajo, así como con información clara respecto de lo que es el *bullying*, sus consecuencias (para el *bully,* para el *bullied,* y para los testigos) y el riesgo que implica que tales conductas proliferen.

Resumen del capítulo 4

- En este capítulo ofrecemos algunas soluciones para manejar el *bullying* principalmente en casa. Para poder hacer esto, el primer paso es tratar de identificar correctamente el problema y saber cómo detectar a un *bully* o agresor y a un *bullied* o víctima.
- En la mayoría de los casos, los niños agresivos repiten conductas vividas en casa. Además, en la medida en que crecen, van adquiriendo cada vez más conciencia del daño que provocan en los otros. Algunas señales para detectar a un *bully* son: que se muestre agresivo con los miembros de la familia, que sea reservado y casi inaccesible al trato personal, que tenga objetos que no son suyos y que no sepa explicar y justificar de dónde proceden, que diga mentiras para justificar su conducta, etc.
- Aquellos niños o jóvenes que son víctimas suelen ser chicos con dificultad para establecer relaciones sociales con los demás. Algunas de las características para su detección son: la caída inexplicable de los resultados académicos, que no quieran asistir a la escuela ni participar en las actividades escolares o sociales, que tengan roturas en la ropa, dolores de cabeza, de estómago u otras indisposiciones inexplicables, las cuales utilizan como argumento para no asistir a la escuela o para que los recojan antes de la hora de salida.
- Posteriormente queremos propiciar la reflexión acerca de los lugares que frecuentan los

hijos, ya que es importante saber si en esos lugares se da este tipo de conductas y si ellos juegan el papel de testigos. Para esto se necesita tener el mayor conocimiento posible de los lugares que frecuenten y la compañía con la que asisten.

- Un segundo paso es tener un acercamiento adecuado con los hijos para brindarles la información adecuada y necesaria respecto al tema del *bullying*, ofreciendo datos sobre qué es el *bullying*, los diferentes tipos de participantes, las diferentes formas de *bullying*, los riesgos y consecuencias de estas conductas, etc.

- El tercer y último paso es ofrecer alternativas en relación con las formas de acercarse y resolver un problema. Dentro de estas opciones se ha pretendido resaltar el valor que tiene la posibilidad de denunciar estas conductas y se han precisado las diferencias entre el chisme y la denuncia.

- Por último, una vez que se ha analizado la dimensión del problema, sugerimos acercarse a las autoridades competentes.

Capítulo 5

Cómo manejar el *bullying* en la escuela

Introducción

En el presente capítulo hablaremos del *bullying* en las escuelas (principalmente) y en otros lugares de convivencia que escapan de la vigilancia inmediata que los padres pueden tener respecto de las actividades de sus hijos.

Como es bien sabido, la escuela funciona como una extensión del hogar en muchos sentidos, pues contribuye a moldear las emociones de los niños, al tiempo que refuerza normas éticas y valores fundamentales para la convivencia civil. Además de ello, es una institución que se encarga de satisfacer aspectos que tienen que ver con dos ámbitos importantes del desarrollo humano: la creación de formas de interacción social (que ya están determinadas por el carácter del niño y por la educación recibida en los primeros años en casa) y la adquisición de conocimientos.

Todos los padres sabemos (o deberíamos saber) que no enviamos a los niños a la escuela sólo para que aprendan conocimientos académicos, sino también —si no es que ante todo— para que desarrollen habilidades sociales, es decir, para que conozcan los diversos papeles que se juegan en una situación en la que interactúan distintas personas (por pequeño que sea el grupo, por pequeños que sean sus integrantes). De esta forma, un niño que asiste al kínder no sólo aprende a manipular crayolas, a hacer trazos y a pegar pedacitos de papel con pegamento; aprende sobre todo (como proceso inconsciente) que existen los otros, que la convivencia nos impone límites, que no somos libres de actuar a nuestro capricho, sino que existen otros que también tienen sus derechos (el derecho de conservar sus pertenencias, de no ser molestados, de que se les ponga la misma atención que merecemos, etc.). En este sentido es que la misión de las escuelas cobra una relevancia que no siempre es apreciada en su justa dimensión, pues no sólo se educa para el futuro profesional de los estudiantes, se les educa para la vida.

La escuela, como lugar de aprendizajes académicos, también es un espacio para aprender habilidades sociales.

La escuela es, sin lugar a dudas, el primer espacio para la socialización en el que conviven los niños. Los padres cumplen una función importantísima en los primeros años de vida, pero el primer contacto con una sociedad más amplia que no responde necesariamente a las necesidades inmediatas del niño se da en la guardería o en el kindergarten.

Ahora bien, si la escuela nos proporciona la posibilidad de desarrollarnos como individuos sociales es porque en ella se reproducen todas las diversas circunstancias que años después los individuos encontrarán fuera de las aulas: compañerismo y competencia, liderazgo y subordinación, ejercicio del poder y sumisión, amistad y rencor; confianza y recelo, amor e indiferencia. Éstas son sólo algunas de las múltiples emociones y manifestaciones de la conducta que los niños y adolescentes aprenden en el entorno escolar con el paso de los años. De acuerdo con el tema que nos ocupa en este libro, es necesario que nos detengamos en las distintas manifestaciones de la conducta agresiva que se desarrollan en la escuela.

Las relaciones entre niños y niñas en el kindergarten suelen dar muestras de diversas manifestaciones del carácter de los pequeños. Desde los 4 ó 5 años se puede identificar a quienes tienen un carácter dócil o agresivo; también desde esa edad se pueden empezar a presentar las diversas manifestaciones de la conducta y la manera como éstas se expresan en la convivencia con los demás. Sólo así se entiende que en los grupos de educación preescolar puedan existir líderes, o bien, grupos de amigas que excluyen a alguna otra niña porque no tiene la misma lonchera que las demás.

Con el paso de los años, estas manifestaciones de la conducta cada vez se ejercen de manera menos inconsciente y, si bien antes de los 10 años es poco probable encontrarnos con niños que tengan plena conciencia del daño que pueden provocar en algunos compañeros cuando se burlan de ellos, los insultan o golpean, sí es claro que estas expresiones de la convivencia producen una sensación confusamente gratificante en quienes las ejercen. Sólo así se entiende que se desarrolle la personalidad del *bully*, pues el hecho de convertirse en un líder debido a que no conoce límites en la expresión de su hostilidad y que se atreve a hacer lo que otros no harían, es algo que con el paso del tiempo va reafirmando en el acosador una identidad admirada y temida por sus pares.

Los rasgos culturales y de carácter aquí descritos explican por qué los acosadores y los acosados abundan; resolver esta situación es un problema que nos atañe a todos los que nos dedicamos a educar a las jóvenes generaciones, tanto en la casa como en las escuelas.

Ahora bien, si asumimos que la escuela es una institución diseñada para la socialización, también es importante insistir en que funciona como una organización estructurada para difundir conocimientos y proponer modelos de conducta. Por ello es que la función de la dirección escolar y, sobre todo, de los profesores es muy importante para vigilar el buen desarrollo de las actividades académicas y de las relaciones entre iguales.

En el presente capítulo nos proponemos sugerir una propuesta de trabajo para atacar el *bullying* en el ámbito escolar. En la mayoría de los libros que hemos revisado para la realización de este trabajo los autores están de acuerdo en que cualquier tipo de acercamiento al problema o tema de *bullying* en la escuela tiene que ser un acercamiento que involucre a toda la comunidad escolar, es decir, que tiene que incluir a los profesores, a los alumnos y también a los padres de familia.

En lo que trataremos a continuación incluiremos estos ambientes de trabajo. Adaptaremos a nuestra realidad propuestas que se han hecho en otros países, pues, como lo señalamos, el propósito de esta obra es ofrecer un proyecto pensando en la realidad de nuestro país.

I. PRIMER PASO: INFORMAR

En un primer momento, lo más importante es *informar* de manera adecuada qué es el *bullying*. No es extraño encontrarnos con escuelas en las que se dice que ahí tienen problemas de niños que pelean, se empujan, se ponen apodos, pero que no se da el *bullying*. O bien, personas que aceptan que hay violencia en su escuela, algunos tipos de robos, pero que eso tampoco es *bullying*.

Preocupados por esta confusión, creemos que el

primer paso que se debe dar para aspirar a resolver el problema es informar de forma correcta a toda la comunidad.

De acuerdo con la mayoría de los autores consultados (Harris y Petrie, 2003; Sharp y Smith, 1994; etc.), la información debe generarse desde el interior de la escuela. El propio personal de ésta es el más adecuado para informar a su comunidad, pues la información debe adaptarse a las características de cada caso, con lo cual se brinda confianza a toda la comunidad de que la misma escuela es la que tomará medidas para atacar el problema, primero desde dentro, y luego hacia fuera.

Para poder ofrecer alternativas y obtener buenos resultados es importante dar a la comunidad toda la información necesaria acerca del bullying.

Creemos que una buena manera de presentar esta información a la comunidad escolar es aprovechando los privilegios de la tecnología moderna, por lo cual hemos decidido recurrir a una presentación de *Power Point* (estas presentaciones están a su disposición en el anexo 1).

Como se podrá observar, hay diapositivas que forman parte de un bloque general que bien puede funcionar como introducción, y luego otras que por obvias razones se realizaron en tres bloques, pensando en tres posibles tipos de destinatarios: profesores, alumnos y padres de familia.

En un primer momento hay que orientar a los

profesores y personal de la institución. En esta presentación lo más importante es dar información de los antecedentes del *bullying*, definirlo, explicar los tipos que existen, la edad de inicio promedio, los porcentajes de incidencia, los lugares en que con más frecuencia se presenta, los riesgos y las consecuencias del acoso, y, lo más importante, el proyecto de la escuela para involucrar a los profesores, proyecto en el cual debe quedar muy claro cómo se les involucra y qué es lo que se espera de ellos (ver la presentación número 1 en el anexo).

En segundo lugar hay que informar a los padres de familia, ya que como se ha dicho antes, es muy importante contar con su apoyo. Esta presentación tiene como finalidad que ellos también sepan detectar el *bullying*, para que puedan identificar diversas manifestaciones de la conducta de quienes acosan, o bien de quienes son acosados. Asimismo, para que comenten con la escuela las situaciones de acoso de las que tengan conocimiento, para que comprendan lo importante que es establecer un diálogo franco y respetuoso con los hijos, que les brinde la oportunidad de comprender la trascendencia de una denuncia oportuna para detener una situación de acoso que podría tener un desenlace de gravedad extrema. Además, es necesario insistir en que siempre escuchen y crean en lo que sus hijos (y los amigos de éstos) dicen. Por último, que cuando sean depositarios de una confesión no hagan promesas (del tipo "no le voy a decir a nadie"), ya que con eso no se estará fomentando la denuncia y solución del problema, sino que muchas veces estas promesas no se pueden cumplir y esto lleva a la pérdida de confianza por parte de los hijos (ver la presentación número 2 en el anexo).

En tercer lugar, hay que trabajar con los alumnos. También con ellos el aspecto más importante reside en darles información, pues en muchas ocasiones no pueden siquiera distinguir entre una broma, un juego y un acto violento (velado o franco). Nos hemos encontrado con casos de alumnos que juegan de manera brusca y pasan a acciones violentas, unas veces sin darse cuenta, otras respondiendo molestos a las bromas cada vez más pesadas de un compañero. El caso es que, con conciencia o sin ella, en muchos casos llegan a rebasar el límite del juego brusco pero controlado, y empiezan a hacer un uso irracional de la fuerza que no les permite prever las consecuencias negativas que esto puede acarrear (caídas, heridas, fracturas, etc.). Todo esto en el mejor de los escenarios, pues no se deben desatender los casos de los *bullies* que disfrazan sus agresiones bajo la apariencia del juego pesado, e invariablemente "se les pasa la mano" y acaban lastimando a sus víctimas, siempre con la truculenta excusa de que "sólo era un juego", excusa que en muchas ocasiones permite que las conductas lesivas queden impunes.

Por todo lo anterior, y de acuerdo con lo señalado en el capítulo 3, es importante que los niños y los adolescentes sean conscientes de los riesgos que implican las conductas violentas, las burlas sistemáticas, las formas de acoso continuas e intencionadas. Además de ello, también es importante que aprendan a romper con la amenaza del silencio impuesto por los líderes negativos. Nunca dejará de asombrarnos la gran cantidad de veces en que en un salón tiene lugar una conducta ilícita (un robo, un daño contra el mobiliario escolar, una falta de respeto a compañeros o a los profesores), y cuando los alumnos son interrogados para identificar a el o los responsables, lo que predomina es un silencio hermético que sugiere que nadie sabe nada; son casos graves en los que la solidaridad del grupo se confunde con la complicidad con los transgresores. Con estas actitudes, los alumnos sólo protegen a aquellos que los agreden, en lugar de adoptar una actitud responsable y positiva ante el grupo y ante su propia seguridad, consistente en denunciar oportunamente las acciones negativas, las agresiones y, sobre todo, los casos de acoso que tienen como propósito dañar (psicológica o físicamente a una víctima o a un conjunto de víctimas). (Ver la presentación número 3 en el anexo.)

II. SEGUNDO PASO: EVALUACIÓN

Una vez que sea informado la población, el segundo paso consistirá en hacer una evaluación para saber cuál es el índice real de *bullying* y qué tipos se presentan con más frecuencia en la escuela. Esta evaluación se puede realizar tanto con profesores como con alumnos.

Esta información es muy importante por dos motivos: en primer lugar, porque es necesario conocer bien cuáles son las dimensiones del problema que se habrá de enfrentar (el porcentaje de *bullying* que existe en la escuela, con qué frecuencia se da, qué tipo de *bullying* es el más practicado, en dónde se da, etc.). Esto permitirá precisar qué tipo de *bullying* es el más frecuente entre los alumnos, cuál es el rango de edades y el sexo de quienes participan en los casos de abuso, y en qué porcentaje de la población escolar se presenta.

En segundo lugar, es importante tener una medición previa al trabajo que se llevará a cabo, para poder comparar estos datos con los que resulten de la evaluación que habrá de realizarse al término del trabajo de cada año.

La evaluación inicial nos ofrecerá un panorama más objetivo del fenómeno con el que tendremos que trabajar.

En el anexo 2 presentamos una serie de cuestionarios que se pueden utilizar, o que pueden servir de base para realizar otros de acuerdo con las particularidades de cada institución. Es recomendable que no se elaboren cuestionarios muy largos y que sean muy puntuales en cuanto a su propósito se refiere, para poder medir exactamente lo que la escuela necesita. Como dijimos, lo principal es saber con qué frecuencia sucede el *bullying* en la institución, qué tipo de *bullying* predomina y en qué lugares ocurre.

III. Tercer paso: Trabajo con alumnos, profesores y padres de familia

Como ya se mencionó en el inicio de este capítulo, para atacar el problema del *bullying* es importante trabajar con toda la comunidad. Pensando que una de las partes más importantes de una escuela son sus profesores, proponemos empezar a trabajar con ellos, pues es en quienes recae la doble responsabilidad de presentarse como personalidades ejemplares (académica y éticamente) frente a sus alumnos, al tiempo que son las primeras figuras de autoridad que pueden detectar situaciones de *bullying* en las aulas.

Si consideramos que se trata de una labor que debe realizarse con adultos responsables y comprometidos con la institución, es de esperarse que el contenido de la presentación sea asimilado de forma rápida y que ayuden con convicción a prevenir ese tipo de conductas. Como bien se sabe, una situación que afecta de manera negativa el desarrollo de los proyectos escolares ocurre cuando hay profesores desinteresados, que sólo se preocupan por repetir conocimientos y cumplir programas de estudio, pero no se comprometen con la necesidad de ser figuras de autoridad frente a los jóvenes. Por lo anterior, nos parece que siempre será importante la supervisión permanente de un grupo de personas que estén a cargo del programa, para resolver dudas —en el caso de que existan—, y que puedan tomar decisiones para orientar de manera adecuada el trabajo con los alumnos.

En el trabajo con los profesores hay que informar y ofrecer sugerencias, pero también escuchar e invitar a que den ideas y que participen de forma activa.

En relación con este trabajo, después de la presentación se sugiere instalar una mesa redonda para hablar del problema desde la perspectiva de los maestros. Es importante analizar qué tienen ellos que decir, cuál es su opinión al respecto y qué es lo que ellos sugieren para trabajar.

Asimismo, es importante ofrecer algunas consideraciones para iniciar, sugerencias de cómo responder en el trabajo directo con los alumnos. Nosotros proponemos:

- Que hagan comentarios oportunos ante cualquier conducta que anuncie la posibilidad de que se desarrolle alguna forma de *bullying*.
- Que los profesores tengan una posición firme y clara respecto a los problemas de *bullying* y violencia ante los alumnos. Esta posición debe hacerse explícita en todo momento. Ser claros y firmes.
- Que sean conscientes del ejemplo que representan para los alumnos. Esto implica que deben tener cuidado de no llamar a los alumnos con nombres que ridiculicen o apodos, ya que esto será motivo de imitación por parte de los agresores y además serán vistos (los profesores) como cómplices en algunas actitudes de *bullying*.
- Que los profesores muestren un compromiso

claro con toda la comunidad escolar en relación con el proyecto escolar anti-*bullying*.

- Que en caso de descubrir una situación de acoso, no confronten a la víctima con el agresor.
- Que tengan claro que se debe desaprobar la conducta negativa, no a quien la lleva a cabo.
- Que comuniquen pronta y oportunamente del caso detectado al personal designado para trabajar con estos problemas.
- Independientemente de que el caso se refiera a los responsables del programa, tendrá que haber una consecuencia inmediata al acoso (que puede ser desde un comentario asertivo hasta una sanción contemplada en el reglamento escolar).
- Que si hablan con el agresor antes de referirlo, lo hagan sin reclamos, regaños, humillaciones o ironías; con pocas preguntas y sin moralizar.
- Que este proyecto se mantenga vigente a lo largo del año escolar y no sea sólo una respuesta momentánea a problemas ocasionales.

Para la correcta supervisión de un programa permanente en contra del *bullying* será importante la formación de un equipo responsable del trabajo directo con los alumnos, del espacio de asesoría para alumnos, padres de familia y profesores. Este equipo podrá estar conformado por directivos, psicólogos, pedagogos, orientadores o tutores de grupos. Entre las funciones que desempeñará este equipo están las siguientes:

- Realizar el trabajo directo con los alumnos (el cual se revisará a continuación).
- Determinar cómo se informará a los padres (tanto de la víctima como del agresor) en caso de que sea necesario.
- Identificar a los amigos cercanos a la víctima para que le proporcionen apoyo.
- Dar seguimiento al problema.

Continuando con la realización de un efectivo programa en contra del *bullying*, es muy importante incluir a los alumnos, no sólo informándoles, sino haciéndolos corresponsables del buen desarrollo del programa. Sólo con su participación se puede crear un foro de discusión que permita implementar reglas y lineamientos generales que tiendan a inhibir las conductas de acoso (Sharp, 1996) y a fomentar la cultura de la denuncia (la cual, como hemos insistido, debe distinguirse de la acusación mal intencionada). Esto significa que los adultos tienen que estar preparados para compartir la toma de decisiones con los alumnos, así como para realizar el tipo de trabajo que se implementará para encontrar soluciones idóneas.

En este trabajo con los alumnos, sugerimos que se lleven a cabo dos tipos principales de actividades. En primer lugar, realizar dinámicas en el trabajo con los grupos, las cuales estarán encaminadas a crear más conciencia sobre el problema, y a generar otro tipo de respuestas y actitudes. Las dinámicas tienen un propósito: convertir en proceso racional, discursivo, lo que de suyo carece de razón: la violencia anárquica, que no reconoce lógica alguna, ni orden, ni proceso asertivo alguno. Las dinámicas propuestas se pueden revisar en el anexo 3.

El trabajo con los alumos puede realizarse de dos formas: con actividades preventivas y/o con acciones encaminadas a corregir problemas específicos.

En segundo lugar, es importante trabajar de manera inmediata a partitr de un enfoque más emocional con los alumnos que están participando en una situación de abuso (ya sea como agresores, como víctimas o como testigos). Para este tipo de trabajo, el círculo de calidad (*Quality Circle*) funciona muy bien. A pesar de que sabemos de autores que dudan de la eficacia de este tipo de trabajo con alumnos más grandes, Mosley y Tew (2000) demuestran que también los chicos de secundaria pueden sacar provecho de este tipo de dinámicas.

Éstas, al igual que la labor del círculo mágico consisten en hacer trabajos emocionales con tres fases muy estructuradas. En una primera sesión de trabajo se lleva a cabo una introducción en la cual se empieza a hablar del asunto, y, si la práctica lo requiere, se da una guía de lo que se va a trabajar. En un segundo momento, se abre un espacio para hablar y dejar fluir las ideas y los sentimientos relacionados con el tema que se esté trabajando. Por último, se lleva a cabo la fase de cierre, en donde se incluye una parte teórica y una ronda de despedida.

En este sentido, al realizar cualquiera de estas prácticas en relación con el *bullying*, el tema central con el que se trabajará será el abuso y acoso entre los compañeros. Por ejemplo, se puede hablar un día sobre lo que opinan los alumnos en relación con lo que deben de sentir las personas que son constantemente molestadas, a las que se les ponen apodos no muy agradables y que son excluidas de las actividades sociales de la escuela. A la hora del cierre, será importante solicitar que expresen qué soluciones se podrían adoptar para que estas personas dejen de padecer por dicha situación. Como se puede notar, en estos espacios, lo importante es trabajar con las emociones y los pensamientos de los alumnos y poder dar paso a hablar del *bullying* o de los casos de intimidación que se estén llevando a cabo entre ellos, los que, como se ha mencionado anteriormente, muchas veces son invisibles para los adultos. Como es bien sabido, es recomendable que este tipo de actividades se realice con grupos pequeños, de tal forma que si se cuenta con salones de más de 20 alumnos lo ideal será trabajar con medios grupos. El principal objetivo de trabajar con *Círculo de calidad* es realizar actividades con grupos regulares de individuos, lo que permitirá dar seguimiento al proceso de solución de un problema identificado y estructurado (Sharp, 1996).

Otras actividades que funcionan muy bien con los problemas de *bullying* son las dinámicas de manejo de enojo, como las que propone Jan Stewart (2002), o las que sugieren Faupel, *et al.* (1998). Éstas, a diferencia del trabajo con los círculos, están más dirigidas al trabajo de emociones negativas, como el enojo, celos, envidia, etc. En este caso la mayoría de las dinámicas están encaminadas a dar información acerca de este tipo de emociones, de las consecuencias de un mal manejo, y ayudan a trabajar otras alternativas de respuesta y conducta.

> *Dentro del trabajo emocional con los alumnos están las dinámicas de control de emociones, los espacios de asesoría y los grupos de apoyo.*

Finalmente, otro recurso que permite obtener buenos resultados consiste en abrir un espacio de orientación y asesoría con pequeños grupos o con individuos particulares. Estos trabajos pueden ser de tres tipos. En primer lugar está el más obvio y fácil, que consiste en establecer un espacio de asesoría psicológica para que los alumnos puedan acudir a él cuando estén relacionados con estas conductas. En segundo lugar, en algunos casos se recomienda tener un espacio de asesoría entre compañeros, ya que —como se ha mencionado— cuesta mucho trabajo conseguir que los alumnos afectados confíen en un adulto para hablar de estas situaciones (Sharp, 1996). Por último, está la propuesta de Young (1998) de grupos de apoyo, en la cual el objetivo es ayudar simultáneamente a aquellos que han estado abusando de otros compañeros y a las víctimas. Es muy importante tener cuidado de no señalar culpables, pues si esto ocurre ni el acosador ni la víctima estarán dispuestos a participar en el proceso de reflexión; el acosador porque no estará dispuesto a verse en una posición vulnerable frente a las autoridades escolares, por lo cual negará todo aquello que se le impute, y la víctima porque quizá llegue a suponer que la dinámica más que otra cosa es una forma de careo que probablemente sólo servirá para acarrearle mayores problemas en el futuro. La idea de no buscar culpables *(No*

Blame Approach) la comparten varios autores (Young, 1998; Voors, 2005; etc.) y está basada en la teoría de que no se resuelve nada acusando y amenazando con sancionar a aquellas personas que están intimidando o abusando de compañeros. Recordemos que estamos hablando de un trabajo institucional, por lo que uno de los objetivos es el de formar a los niños y jóvenes que pertenecen a la comunidad escolar. En este sentido, lo que se busca es realizar un trabajo que ayude a todas las partes que intervienen en el problema.

Para realizar la dinámica de Young se necesita primero hablar con la víctima para que ésta nos dé información acerca de los agresores. Posteriormente, se establece una sesión de trabajo con un grupo de alumnos donde no se incluya a la víctima, pero sí a los agresores (que no serán señalados como tales) y a otros alumnos que desconozcan la situación; esto con el ánimo de crear un ambiente de mayor confianza, en el que la responsabilidad, en apariencia, se pueda diluir, lo que provocará que los agresores se sientan menos perseguidos y participen de manera positiva. A los participantes se les planteará que el alumno X se siente muy mal porque está teniendo un problema (se debe describir el problema de acoso, pero, como se dijo, sin mencionar a los acosadores, como si el coordinador de la dinámica no tuviera ninguna idea de quién o quiénes están llevando a cabo la agresión) y se les pedirán sugerencias y compromisos respecto de cómo podrían ayudarlo. Para esto es importante lograr que los participantes sientan empatía con la víctima; sólo así se logrará que ayuden a buscar soluciones al problema.

De acuerdo con las cifras citadas por Young, este tipo de acercamiento fue monitoreado en Sheffield, Inglaterra, y obtuvo éxito en el 80% de los casos (*Op. cit.*).

Después de trabajar con los profesores y con los alumnos, es necesario también incluir a los padres de familia en este trabajo con toda la comunidad. En estas actividades podemos incluir conferencias que se relacionen con el tema. También, es importante abrir un espacio de asesoría o consultoría, que puede ser a través de Internet, o en el espacio físico de la institución, para las dudas, preguntas o comentarios de los padres de familia. Es fundamental que estén enterados para poder contar con su apoyo en casa; cualquier contradicción en la manera como se aborda el problema en casa y en la escuela suele invalidar todo el esfuerzo realizado.

IV. Cuarto paso: Evaluación posterior

En un primer momento se realizó la evaluación para detectar la existencia de casos de *bullying* y sus características en la institución. Ahora es necesario realizar una segunda evaluación, la cual tiene como objetivo reconocer si hubo cambios sustanciales después del trabajo con la comunidad escolar, para de esta forma evaluar el trabajo que se ha venido realizando y hacer los cambios pertinentes en caso de no obtener una diferencia sustancial entre las dos evaluaciones.

Para este punto es recomendable trabajar con los mismos cuestionarios que se utilizaron en la primera evaluación, ya que de esta forma se estará midiendo exactamente lo mismo y se podrá hacer una verdadera comparación. Lo óptimo es trabajar por lo menos un ciclo escolar completo antes de realizar la segunda evaluación.

V. QUINTO PASO: PROGRAMA PERMANENTE

Aunque un punto como éste pudiera parecer obvio, no lo es si consideramos que la mayoría de las veces, cuando se realizan trabajos de este tipo, es porque los provocó una preocupación momentánea que por su carácter excepcional requería de una respuesta pronta, o bien porque el tema en cuestión se puso "de moda". En esos casos, cuando tales preocupaciones terminan, también concluye la atención prestada al problema, lo cual no significa decir que el verdadero problema haya desaparecido, sino que el interés por atenderlo perdió pertinencia. Nuestra experiencia nos ha enseñado que cualquier programa que responda a exigencias inmediatas y al que no se le dé seguimiento no sólo implica un desperdicio de recursos, sino que además está condenado al fracaso y, lo más grave, crea en la comunidad una desconfianza ante cualquier intento de enfrentar un problema, pues siempre quedará la sensación de que a la larga nada se resolverá. Incluso hay autores que opinan que para poder obtener resultados contundentes deben pasar por lo menos tres o cuatro años de trabajo continuo con este programa. Concordamos completamente con esta idea.

En este sentido, es importante subrayar la necesidad de pensar a largo plazo, diseñando un programa permanente con el que siempre se esté trabajando este tipo de problemas.

¿Qué aspectos se deben considerar para la realización de un programa permanente?

Principalmente, es necesario contar con una planeación anual, en donde se incluya lo siguiente:

- Una o dos conferencias al año relacionadas con el tema, para los alumnos, profesores y padres de familia.
- Por lo menos cuatro actividades al año con los alumnos para seguir reforzando el tema.
- Mantener un proceso de vigilancia.
- Continuar reforzando la importancia de la denuncia.
- Proseguir el trabajo de orientación con los agresores y las víctimas.
- Contar con un espacio donde alumnos, profesores y padres de familia puedan externar dudas, preguntas, aclaraciones, denuncias, etc.

Cómo manejar el bullying *en otros ambientes sociales*

Como ya se ha mencionado en otros lugares de este libro, el *bullying* no es una conducta que se limite a los espacios escolares, se presenta en todos los ambientes en los que se reúnan niños y jóvenes para realizar cualquier tipo de actividades, ya sea jugar, practicar algún deporte, convivir, etc. De esta manera, no sólo es importante manejar un programa para enfrentar el *bullying* en casa o en las escuelas, sino que también consideramos elemental el tener conocimiento de qué se puede hacer en caso de que este tipo de conductas se presenten en algún otro espacio social. En estos casos, toda la información que hemos presentado hasta ahora será de mucha ayuda. Los pasos que habrán de darse estarán encaminados, sobre todo, a la exploración que se pueda hacer del lugar donde los hechos están ocurriendo. De esta forma, lo que sugerimos es:

- Hacer un análisis de la magnitud del evento.
- Evaluar las consecuencias de los hechos.
- Informar a las autoridades (dirección, mesa directiva, cuerpo de entrenadores, etc.) para empezar a tomar medidas.
- Proponer un plan de acción con información.
- Difundir entre la comunidad en qué consiste el *bullying*, con carteles y rondas de conferencias que hablan de la importancia del tema y de las razones para prevenirlo.
- Planear y plantear la intrumentación de un programa permanente.

Resumen del capítulo 5

- En este capítulo comentamos los rasgos que hacen de la escuela un espacio para el aprendizaje académico, así como para el aprendizaje de habilidades sociales.
- Hemos hecho énfasis en la necesidad de dar a la comunidad escolar (profesores, alumnos y padres de familia) toda la información necesaria en torno al *bullying*, pues sólo de esta manera se puede atacar con seriedad el problema.
- Posteriormente hemos explicado las razones por las cuales nos parece importante hacer una evaluación inicial del problema, con el propósito de tener datos que nos sirvan de referencia para iniciar el trabajo y diseñar las actividades que se realizarán.
- Nos ha parecido importante hacer énfasis en el trabajo previo que debe realizarse con los profesores, tanto para generar en ellos una conducta comprometida con el proyecto, como para que puedan detectar problemas de manera responsable y sepan cómo y con quién canalizarlos para ser atendidos.
- Para el trabajo a realizar con los alumnos, sugerimos dos tipos de actividades, unas encaminadas a prevenir el problema, mediante dinámicas grupales, y otras dirigidas a corregir situaciones que ya se están presentando entre los alumnos.
- A continuación hablamos acerca de la importancia de planear el trabajo emocional que se

llevará a cabo con los alumnos. Sugerimos que se realicen dinámicas de control de emociones, que se generen espacios de asesoría y que se creen grupos de apoyo en los que participen profesores y alumnos.

- Por último, es fundamental la implementación de un programa anti-*bullying* permanente.

Conclusiones

A lo largo de este libro hemos querido compartir con los lectores mexicanos un conjunto de inquietudes en torno a un tema que debe ser del interés de todos los que nos dedicamos a la educación (padres y profesores): la violencia entre los niños y jóvenes, con sus particularidades, así como las múltiples situaciones de acoso y abuso de poder ejercido sobre los más débiles, sobre quienes ocupan las posiciones más vulnerables en las escuelas, en las casas y en otros lugares de reunión, y las formas que adoptan actualmente en que se añaden matices sexuales, y con el agravante de una mayor cercanía con las armas de fuego.

En los últimos tiempos el interés por el fenómeno del *bullying* se ha manifestado de diferentes maneras: se han organizado conferencias y simposios, se han publicado muchas notas periodísticas al respecto, y algunas agrupaciones dedicadas a cuestiones relacionadas con la educación han impartido talleres. Esto es un reflejo de la preocupación que suscita en algunos sectores de la sociedad la frecuencia y la intensidad con que se están presentando las agresiones entre los niños y jóvenes, así como el hecho de que esta violencia se empiece a convertir en un espectáculo susceptible de ser filmado y exhibido en Internet, lo cual sugiere que nuestra sociedad ha descuidado de manera irresponsable la enseñanza de valores de convivencia entre las generaciones más jóvenes y ha permitido (o provocado) que se incremente la ausencia de cualquier escrúpulo, lo que ha traído como consecuencia que los niños y jóvenes crezcan confundidos: para ellos el éxito no es resultado del trabajo excelente, sino de la astucia; las formas de convivencia que consideran mejores no se fincan en el respeto sino en el abuso, por la convicción de que hay que salirse con la suya, aunque para ello haya que pasar por encima de los derechos y la integridad de quien se deje.

Hemos tratado de hacer mucho énfasis en un hecho en apariencia evidente y, sin embargo, siempre pasado por alto: el problema del *bullying* no sólo afecta a la víctima, sino que es un fenómeno que también trae consecuencias serias para el agresor y para los testigos, es decir, afecta de manera grave a todos los implicados. Además, este problema tiene un fuerte impacto en la sociedad por múltiples razones, en principio porque corremos el gran riesgo de volvernos indiferentes ante todos los hechos violentos de los que somos testigos a diario (directa o indirectamente) y, más grave aún, porque estamos tolerando que los niños y jóvenes perciban la violencia como un espectáculo y no como una amenaza que atenta contra todo principio de convivencia.

Sabemos que el tipo de trabajo que aquí sugerimos no va a transformar la personalidad de los participantes. Para ello se requeriría un trabajo profesional terapéutico de otro tipo y más profundo. Sin embargo, sí podemos modificar patrones conductuales aumentando la conciencia respecto al tema del *bullying*, realizando trabajos y campañas de detección y prevención, e instrumentado programas permanentes.

Para que este trabajo dé los frutos esperados se necesita de la ayuda y participación de todos los que estamos involucrados en la educación de las nuevas generaciones, de un plan de trabajo colectivo entre escuela, alumnos, profesores, padres de familia y otros sectores de la sociedad (instituciones de salud pública, universidades, comisiones de derechos humanos, autoridades judiciales, etc.), para que los resultados sean exitosos, así como el establecimiento de programas permanentes de prevención en las escuelas.

Esperamos que en este libro hayan encontrado lineamientos que ayuden a proponer planes de acción en contra del *bullying*, y así poder ofrecer a las generaciones más jóvenes una mejor información. Como educadores, tenemos confianza en que la buena información impartida de manera oportuna y con una orientación clara es la mejor vía para preparar a los jóvenes para vivir libres de la posibilidad de convertirse algún día en víctimas o victimarios, de manera que hagan de la violencia un ejercicio de reflexión y no una forma de convivencia.

ANEXOS

....

NOTA

Es importante considerar que todas las dinámicas sugeridas (y aquéllas que se puedan instrumentar en cada escuela), adquirirán relevancia y darán resultados más efectivos si se cuenta con la colaboración absoluta de los profesores, quienes —como dijimos antes— deben estar convencidos de que el proyecto anti-*bullying* de la escuela es importante y está bien estructurado. Un profesor que no está convencido de la necesidad de implementar programas de apoyo para la solución de problemas, puede convertirse en un generador de conflictos entre los alumnos y afectar la relación de éstos con la escuela.

Si desea conocer más ideas para realizar dinámicas, le sugerimos consultar la bibliografía, que complementa las obras ya citadas de Faupel *et al.* (1998) y Mosley y Tew (2000): Sharp y Smith (1994), y Ortega y Del Rey (2003).

Anexo 1[6]

Presentación para los profesores

BULLYING

¿Qué podemos hacer los profesores?

"Mis amigas no me dejaban jugar porque no traía una chamarra de marca. Cuando por fin logré convencer a mis papás para que me compraran una, me molestaban diciéndome que era pirata..., me hicieron sentir mal."

(alumna de primaria)

---

[6] La información que aparece en los siguientes recuadros ha sido redactada de tal forma que cada uno de ellos pueda ser una diapositiva de *Power Point;* la diferencia en la forma y el tamaño de estos recuadros responde al formato del libro.

Bullying

"...si no traigo la lonchera de moda, no puedo jugar con mis amigas..."

(niña de preescolar)

"Se rompió la puerta del baño porque mis compañeros me encerraron y no podía salir... me sentí muy mal..."

(alumno de secundaria)

Introducción:

En la práctica docente, hemos sido testigos del surgimiento de diversas preocupaciones que han dado lugar a la necesidad de instrumentar cambios.

- Cambios de metodología pedagógica.
- Aprendizaje de nuevas tecnologías de enseñanza.
- Nuevos entornos socio-culturales.
- Necesidad de asumir nuevos compromisos con adolescentes que ya no son los de hace años.

Cambios de hoy:

- Actualmente vivimos en una sociedad que repudia el autoritarismo, lo que ha dado como resultado una generación de jóvenes y adolescentes autoritaritarios que están creciendo en ámbitos educativos donde se necesitan más límites.
- Si bien la agresividad como mecanismo de defensa y sobrevivencia ha estado presente siempre, la expresión de ésta como actitud violenta ha sido modulada por diversos factores externos a lo largo de la historia.

Agresividad frente a violencia

- La violencia ha sido una constante en el comportamiento humano; sin embargo, a últimas fechas se ha manifestado con nuevos rasgos que han atraído la atención de muchos especialistas en todo el mundo. A esta nueva forma de violencia se le ha denominado:

BULLYING

BULLYING

- La conducta agresiva siempre ha estado presente.
- Ahora tiene nuevas características.
- Trae serios riesgos y consecuencias.
- Es un problema que se puede controlar.

Definición

- Con el término *bullying* nos referimos a:

Un comportamiento agresivo que normalmente es dañino y deliberado. Es persistente, puede durar días, semanas y, a veces, inclusive años; además, en prácticamente todos los casos resulta muy difícil que la persona de la que están abusando pueda defenderse.

Estas formas de abuso se pueden presentar de varias maneras, ya sea físicamente, verbalmente o hasta de forma gesticular. Se trata de una conducta en la que las agresiones se manifiestan mediante golpes, empujones, patadas, amenazas, extorsión, encierro de las víctimas (en salones, baños, cubículos, etc.), diversas formas de exclusión, rumores que se difunden para dañar a otra persona, etc.

Para algunos autores (Sharp, 1996) es muy importante diferenciar entre peleas ocasionales o desacuerdos entre dos personas o grupos de igual poder y fuerza ya que no los clasifican como *bullying*.

Tipos de participantes:

- Abusador
- Víctima
- Espectadores

Tipos de acoso:

- Físico: golpes, empujones, etc.

- Verbal: apodos, dichos raciales, chismes, rumores, exclusión, etc.

- Gesticular: gestos, señas, imitaciones en tono de burla, etc.

- *Cyberbullying*: Chat, mensajes de texto (en correos y en celulares), etc.

Desde la perspectiva de la víctima, la agresión puede ser:

- Directa
  — víctimas de abuso verbal
  — víctimas de abuso físico
- Indirecta
  — víctimas de exclusión
  — víctimas de robos
  — víctimas de chismes

Edad de inicio:

- Empieza desde edades muy tempranas (preescolar), sólo que va cambiando la manera, pero siempre se manifiestan conductas que han estado presentes anteriormente.

- Para la mayoría de los autores es raro que se empiece a presentar después de los 10 años. Además, coinciden en afirmar que empieza a descender en la adolescencia tardía (16 años).

Porcentaje de incidencia:

- 27 % de niños de escuela primaria y 10% de alumnos de secundaria dicen haber sido agredidos.
- Entre un 25 y 40 % en edades que van desde primaria hasta secundaria han sido víctimas del *bullying* alguna vez en su vida.

Lugares donde ocurre:

- En los patios
- Durante el recreo y en los descansos
- En pasillos
- Sobre todo, donde no haya adultos presentes.

Riesgos y consecuencias

- Los riesgos y las consecuencias de este tipo de conducta son mucho más graves de lo que se podría pensar, tanto para la persona de la que se abusa como para el abusador.
- Según diferentes estudios y reportes, al hablar de *bullying* debemos pensar en rasgos de personalidad y consecuencias como los siguientes:

Riesgos y consecuencias

- inseguridad
- baja autoestima
- problemas de conducta
- problemas de ansiedad
- problemas de salud (colitis, dolores de estómago, intensos dolores de cabeza, etc.)
- familias disfuncionales
- los niños dejan de ir a la escuela

- comportamientos agresivos e incluso delictivos
- patologías de aislamiento social
- desajustes sociales
- personalidades depresivas
- posibilidades de presentar trastornos psicopatológicos y sociopáticos
- aumentan los pensamientos de muerte y los riesgos suicidas

Objetivos:

- Detectar
- Solucionar
- Prevenir

Propuestas:

1. Empezar a detectar este tipo de problemas.

2. Generar una conciencia de la importancia que tiene el poder denunciar estas actividades para fomentar la prevención.

3. Hacer campañas permanentes en donde participen activamente los alumnos con:
- Carteles
- Buscando información
- Conferencias
- Etc.
4. Incrementar la vigilancia en salones y pasillos.

5. Implementar códigos de conducta generales para toda la escuela.
6. Reportar oportunamente cualquier tipo de conducta relacionada con el *bullying*.

Propuestas de intervención directa:

- Hacer comentarios oportunos ante cualquier forma de *bullying*.
- Tener una posición firme y clara ante los alumnos respecto de los problemas de *bullying* y violencia.
- Ser conscientes del ejemplo que representan para los alumnos.
- Mostrar un compromiso claro con toda la comunidad escolar en relación con el proyecto anti-*bullying*.

Propuestas de intervención directa:

- No confrontar a la víctima con el agresor.
- Desaprobar la conducta negativa, no a quien la lle va a cabo.
- Comunicar pronta y oportunamente el caso detectado al personal designado para trabajar con estos problemas.
- Medir consecuencias inmediatas.
- Hablar con el agresor sin reclamos, regaños, humillaciones o ironías; con pocas preguntas y sin moralizar.

LA PERSONALIDAD DE UN INDIVIDUO NO SE PUEDE CAMBIAR CON ESTE TIPO DE INTERVENCIONES.

PERO SÍ SE PUEDE MODIFICAR LA CONDUCTA

BULLYING

¿Qué podemos hacer los padres de familia?

"Mis amigas no me dejaban jugar porque no traía una chamarra de marca. Cuando por fin logré convencer a mis papás para que me compraran una, me molestaban diciéndome que era pirata..., me hicieron sentir mal."

(alumna de primaria)

"...si no traigo la lonchera de moda, no puedo jugar con mis amigas..."

(niña de preescolar)

"...se rompió la puerta del baño porque mis compañeros me encerraron y no podía salir... me sentí muy mal..."

(alumno de secundaria)

Cambios de hoy:

Actualmente vivimos en una sociedad que repudia el autoritarismo, lo que ha dado como resultado una generación de jóvenes y adolescentes autoritarios que están creciendo en ámbitos educativos donde se necesitan más límites.

Si bien la agresividad como mecanismo de defensa y sobrevivencia ha estado presente siempre, la expresión de ésta como actitud violenta ha sido modulada por diversos factores externos a lo largo de la historia.

Agresividad frente a violencia

La violencia ha sido una constante en el comportamiento humano; sin embargo, a últimas fechas se ha manifestado con nuevos rasgos que han atraído la atención de muchos especialistas en todo el mundo. A esta nueva forma de violencia se le ha denominado:

BULLYING

BULLYING

- La conducta agresiva siempre ha estado presente.
- Ahora tiene nuevas características.
- Trae serios riesgos y consecuencias.
- Es un problema que se puede controlar.

Definición

- Con el término *bullying* nos referimos a:

Un comportamiento agresivo que normalmente es dañino y deliberado. Es persistente, puede durar días, semanas y, a veces, inclusive años; además en prácticamente todos los casos resulta muy difícil que la persona de la que están abusando pueda defenderse.

Estas formas de abuso se pueden presentar de varias maneras, ya sea físicamente, verbalmente o hasta de forma gesticular. Se trata de una conducta en la que las agresiones se manifiestan mediante golpes, empujones, patadas, amenazas, extorsión, encierro de las víctimas (en salones, baños, cubículos, etc.), diversas formas de exclusión, rumores que se difunden para dañar a otra persona, etc.

Tipos de participantes:

- Abusador
- Víctima
- Espectadores

Tipos de acoso:

- Físico: golpes, empujones, etc.

- Verbal: apodos, dichos raciales, chismes, rumores, exclusión, etc.

- Gesticular: gestos, señas, imitaciones en tono de burla, etc.

- *Cyberbullying*: Chat, mensajes de texto (en correos y en celulares), etc.

Desde la perspectiva de la víctima, la agresión puede ser:

Directa

- víctimas de abuso verbal
- víctimas de abuso físico

Indirecta

- víctimas de exclusión
- víctimas de robos
- víctimas de chismes

Edad de inicio:

- Empieza desde edades muy tempranas (preescolar), sólo que va cambiando la manera, pero siempre se manifiestan con conductas que han estado presentes anteriormente.

179

- Para la mayoría de los autores es raro que se empiece a presentar después de los 10 años. Además coinciden en afirmar que empieza a descender en la adolescencia tardía (16 años).

Lugares donde ocurre:

- En los patios
- Durante el recreo y en los descansos
- En pasillos
- Sobre todo, donde no haya adultos presentes

Riesgos y consecuencias

Los riesgos y las consecuencias de este tipo de conducta son mucho más graves de lo que se podría pensar, tanto para la persona de la que se abusa como para el abusador. Según diferentes estudios y reportes, al hablar de *bullying* debemos pensar en rasgos de personalidad y consecuencias como los siguientes:

Riesgos y consecuencias

- inseguridad
- baja autoestima
- problemas de conducta
- problemas de ansiedad
- problemas de salud (colitis, dolores de estómago, intensos dolores de cabeza, etc.)
- familias disfuncionales
- los niños dejan de ir a la escuela

- comportamientos agresivos e incluso delictivos
- patologías de aislamiento social
- desajustes sociales
- personalidades depresivas
- posibilidades de presentar trastornos psicopatológicos y sociopáticos
- aumentan los pensamientos de muerte y los riesgos suicidas

Proyecto de prevención de TODA la comunidad:

Para que este tipo de proyectos funcionen es importante que participe TODA la escuela:

- Administración
- Profesorado (preescolar, primaria, bachillerato)
- Alumnos (preescolar, primaria, bachillerato)
- Padres de familia

> *Objetivos:*
> - Detectar
> - Solucionar
> - Prevenir

¿Qué hacer si mi hijo es víctima del bullying?

- Analizar las causas que han propiciado las agresiones.
- Hacer explícita la preocupación.
- Tratarlo con respeto.
- Trabajar su autoestima.
- Cuidar que no nos enoje la situación.
- No dar explicaciones "sabias".
- Ofrecer alternativas.
- Recordar la importancia de la denuncia y de la oportuna información a las autoridades.

¿Qué hacer si mi hijo es un bully?

- Hablar con él de cómo tener un acercamiento con los demás de manera más asertiva.
- Trabajar con él la inteligencia emocional.
- Ayudarlo a dominar su impulsividad.
- Fomentar su autoestima.
- Reflexionar acerca de los sentimientos de aquellos a quienes intimida: fortalecer la empatía.

LA PERSONALIDAD DE UN INDIVIDUO NO SE PUEDE CAMBIAR CON ESTE TIPO DE INTERVENCIONES

PERO SÍ PUEDE MODIFICARSE LA CONDUCTA

Bullying

Un problema de acoso en las escuelas

"Mis amigas no me dejaban jugar porque no traía una chamarra de marca. Cuando por fin logré convencer a mis papás para que me compraran una, me molestaban diciéndome que era pirata..., me hicieron sentir mal."

(alumna de primaria)

"...si no traigo la lonchera de moda, no puedo jugar con mis amigas..."

(niña de preescolar)

"...se rompió la puerta del baño porque mis compañeros me encerraron y no podía salir... me sentí muy mal..."

(alumno de secundaria)

Agresividad frente a violencia

La violencia ha sido una constante en el comportamiento humano; sin embargo, a últimas fechas se ha manifestado con nuevos rasgos que han atraído la atención de muchos especialistas en todo el mundo. A esta nueva forma de violencia se le ha denominado:

BULLYING

BULLYING

- La conducta agresiva siempre ha estado presente.
- Ahora tiene nuevas características.
- Trae serios riesgos y consecuencias.
- Es un problema que se puede controlar.

Definición

* Con el término *bullying* nos referimos a:

Un comportamiento agresivo que normalmente es dañino y deliberado. Es persistente, puede durar días, semanas y, a veces, inclusive años; además, en prácticamente todos los casos resulta muy difícil que la persona de la que están abusando pueda defenderse.

Tipos de participantes:

* Abusador
* Víctima
* Espectadores

Tipos de acoso:

- *Físico*: golpes, empujones, etc.

- *Verbal*: apodos, dichos raciales, chismes, rumores, exclusión, etc.

- *Gesticula*r: gestos, señas, imitaciones en tono de burla, etc.

- *Cyberbullying*: Chat, mensajes de texto (en correos y en celulares), etc.

Lugares donde ocurre:

- En los patios
- Durante el recreo y en los descansos
- En pasillos
- Sobre todo, donde no haya adultos presentes

Riesgos y consecuencias

Los riesgos y las consecuencias de este tipo de conducta son mucho más graves de lo que se podría pensar, tanto para la persona de la que se abusa como para el abusador.

Según diferentes estudios y reportes, al hablar de *bullying* debemos pensar en rasgos de personalidad y consecuencias como los siguientes:

Riesgos y consecuencias

- inseguridad
- baja autoestima
- problemas de conducta
- problemas de ansiedad
- problemas de salud (colitis, dolores de estómago, fuertes dolores de cabeza, etc.)
- familias disfuncionales
- los niños dejan de ir a la escuela

Riesgos y consecuencias

- comportamientos agresivos e incluso delictivos
- patologías de aislamiento social
- desajustes sociales
- personalidades depresivas
- posibilidades de presentar transtornos psicopatológicos y sociopáticos.
- aumentan los pensamientos de muerte y los riesgos suicidas

Objetivos:

- Detectar
- Solucionar
- Prevenir

Detectar:

Una vez que se sabe qué es el *bullying* es importante poder detectarlo en cualquier lado donde uno sea testigo de este tipo de conducta.

Denunciar:

El primer paso para detener el *bullying* es denunciarlo a autoridades competentes para que se pueda hacer algo al respecto.
Si hay silencio con respecto a este tipo de conductas, se nulifica la oportunidad de hacer algo y solucionar el problema.

Denuncia vs. Chisme:

- *Denuncia:* implica un compromiso y siempre se busca una solución en beneficio de todos.

- *Chisme:* tiene como objetivo perjudicar al otro. NO se busca una solución y NO hay un compromiso colectivo.

Códigos de honor:

- Consiste en que todos se pongan de acuerdo dentro de un un grupo para detectar el *bullying,* denunciarlo y proponerse TODOS no permitir este tipo de conducta entre ustedes mismos.
- Esto se hace instrumentado una serie de reglas que todos deben cumplir dentro de un grupo determinado.

LA PERSONALIDAD DE UN INDIVIDUO NO SE PUEDE CAMBIAR CON ESTE TIPO DE INTERVENCIONES,

PERO SÍ SE PUEDE MODIFICAR LA CONDUCTA.

Anexo 2. *Cuestionario*[7]

BULLYING

El *bullying,* como actualmente se le conoce, es un comportamiento agresivo que normalmente es dañino y deliberado. Frecuentemente es persistente, y puede durar días, semanas y, a veces, inclusive años; además, en prácticamente todos los casos resulta muy difícil que la persona de la que están abusando pueda defenderse.

Estas formas de abuso se pueden presentar de varias maneras, ya sea físicamente, verbalmente o hasta de forma gesticular. Se trata de una conducta en la que las agresiones se manifiestan mediante golpes, empujones, patadas, amenazas, extorsión, encierro de las víctimas (en salones, baños, cubículos, etc.), diversas formas de exclusión, rumores que se difunden para dañar a otra persona, daño al material (cuadernos, ropa, robos, etc.).

---

[7] Para más ideas de cuestionarios, consultar la siguiente bibliografía: Sharp y Smith (1994), Mosley y Tew (2000), Ortega y Del Rey (2003) y Harris y Petrie (2003).

Cuestionario

Responde de manera anónima, poniendo una cruz
en las opciones de: N (nunca), AV (algunas veces) o
VS (varias veces por semana)

	N	AV	VS
1 ¿Con qué frecuencia crees que se produce el acoso escolar en tu escuela?			
2 ¿Con qué frecuencia observas los siguientes tipos de acoso?			
hacer bromas o decir apodos hirientes			
formas de exclusión premeditadas			
amenazas verbales			
golpes			
robos			
mensajes electrónicos malintencionados			
3 Los lugares donde has visto este tipo de conductas son:			
en el salón			
en el patio			
en los descansos			
en los pasillos			
en los baños			
en los alrededores de la escuela			
en salidas extracurriculares			

		N	AV	VS
4	¿Has participado alguna vez molestando a alguien?			
5	Cuando participaste, ¿fuiste parte activa de esto?			
6	Cuando participaste, ¿fuiste sólo testigo de esto?			

		N	AV	VS
7	¿Con qué frecuencia has sido víctima este año de alguno de los siguientes abusos?			
	bromas desagradables o apodos hirientes			
	formas de exclusión premeditadas			
	amenazas verbales			
	golpes			
	robos			
	rumores			
	mensajes electrónicos malintencionados			

		N	AV	VS
8	¿Con qué frecuencia en el pasado has sido víctima de alguno de los tipos de acoso mencionados anteriormente?			

9	Después de sufrir el acoso ¿cómo te has sentido?

triste ( )   enojado ( )   deprimido ( )
realmente no te importa( )   nunca has sufrido acoso ( )

		N	AV	VS
10	¿Alguna vez has faltado a la escuela por haber sufrido acoso?			

11. ¿A quién de las siguientes personas le contaste cuando fuiste víctima del acoso?			
mamá ( ) papá ( ) hermano/a ( ) amigo ( ) profesor ( ) director ( ) psicólogo/a ( ) nadie ( )			

12. ¿Qué pasó después de que le contaste a alguien que sufrías acoso en la escuela?			
nunca se lo contaste a nadie ( ) lo contaste y las cosas mejoraron ( ) lo contaste y las cosas empeoraron ( ) lo contaste y no cambió nada ( )			

		N	AV	VS
13	¿Crees que el área administrativa de la escuela tiene interés de frenar el acoso?			
14	¿Crees que los profesores de la escuela tienen interés de frenar el acoso?			
15	¿Crees que la dirección de la escuela tiene interés de frenar el acoso?			

Anexo 3. *Dinámicas*

A continuación proponemos algunas ideas para realizar dinámicas de trabajo con los alumnos, todas ellas han sido pensadas para trabajar el tema del *bullying* en la escuela. Es muy importante tomar en cuenta que, para empezar a trabajar en cualquier dinámica relacionada con el tema del acoso escolar, previamente se debe informar a la comunidad escolar sobre los temas de la violencia y del *bullying*. Contar con esta información, así como con los datos que resulten de una o varias encuestas, permite pasar al trabajo con dinámicas de manera más sencilla y eficaz.

Dinámica 1. *¿Qué te pareció más violento en la pantalla?*

Objetivo: Lograr que los alumnos tengan conciencia del contenido agresivo de los programas, películas y videojuegos a los que tienen acceso y poder, y hablar de ellos es un espacio propicio para el análisis.

Población: 8-18 años (primaria alta, secundaria y preparatoria)

Material: Una hoja de block y un lápiz.

Duración: Dos horas.

Desarrollo:

Primera sesión de una hora:

- Se pide a los alumnos que formen equipos de dos o tres integrantes y que comenten sobre las películas, series de televisión y videojuegos con contenido violento que han visto y que más les han impresionado.
- Posteriormente escribirán en una hoja, primero el título de las 5 películas más violentas que hayan visto y que expliquen por qué les parecieron violentas (lenguaje, escenas, tema, etc.).
- En segundo lugar, que hagan lo mismo, pero ahora con los 5 programas de televisión.
- En tercer lugar, que elijan los 5 videojuegos o videos de internet más violentos que hayan visto o jugado (en casa o en otro lugar) y que especifiquen, además del contenido, en dónde los han jugado.
- Por último, que escriban cuántas películas, programas de televisión o videojuegos de todos lo que acaban de enumerar arriba, han comentado con sus padres.

Segunda sesión:

- Se pide a algunos alumnos que comenten sus impresiones generales sobre el ejercicio (¿les fue fácil realizarlo?, ¿coincidieron en las películas y series de televisión seleccionadas?, ¿las formas de violencia identificadas fueron las mismas o hubo una gama amplia de expresiones de la violencia?, etc.).

- Posteriormente se pide a tres alumnos que pasen al pizarrón y lo dividan en tres columnas, cada una de las cuales estará encabezada por los títulos: "Películas", "Series de televisión", "Videojuegos".
- Un integrante de cada equipo leerá sus resultados y los alumnos seleccionados los anotarán en el pizarrón, con el propósito de analizar con qué frecuencia se repiten algunos títulos. Paralelamente a este ejercicio, otros tres alumnos copiarán en hojas de block los resultados anotados en el pizarrón. La anotación en el pizarrón servirá para comentar con los alumnos, las anotaciones en hojas de block permitirán al profesor comparar los resultados obtenidos por el grupo con los de otros grupos de la escuela.

Cierre:

- Comentar con los alumnos del grupo los resultados.
- Hacer una reflexión acerca del tipo de programación a la que están expuestos, y del impacto que tiene en ellos, aun sin que se den cuenta. No es el propósito de esta dinámica que dejen de ver este tipo de programas (cosa que resultaría imposible), pero sí que tengan conciencia de lo que puede provocar la exposición continua a las escenas agresivas de los medios de comunicación masiva (idealización

equívoca de la violencia, la posibilidad de acostumbrarse a la agresión como forma de convivencia en apariencia normal, etc.).

- Por último, reunir los resultados de los distintos grupos que participen en la dinámica y publicarlos en un periódico mural. Se pueden clasificar, por ejemplo, los títulos de las cinco películas, cinco series de televisión y cinco videojuegos de contenido más violento; además, se puede agregar la información sobre el o los tipos de violencia que más impacto causan entre los alumnos (violencia física, verbal, golpes, uso de armas de fuego, violencia familiar, violencia social, guerras, etc.).

Dinámica 2. *Análisis de una película con los alumnos*

Objetivo: Tomando en cuenta el ejercicio de análisis anterior, el objetivo de esta dinámica es ver una película de contenido semi-violento con los alumnos para poder discutirla y llegar a conclusiones constructivas, ya que en la experiencia nos hemos dado cuenta de que este tipo de información no lo comparten con sus padres, por lo que la mayoría de las veces se quedan con una mala interpretación. Es muy frecuente, por ejemplo, que concluyan que la violencia tiene justificación si es una vía para lograr alguna forma de éxito (como ocurre con muchos de los personajes de ficción que aparecen en los medios de comunicación masiva), sin pasar por alto el hecho de que los modelos de conducta difundidos en los medios ejercen una fascinación en los niños y adolescentes que es exitosa precisamente porque impresiona emocionalmente, pero no como resultado de un proceso racional de análisis (proceso al que, por otra parte, no están acostumbrados los alumnos pues por lo general no reciben educación al respecto).

Población: 8-18 años (primaria alta, secundaria y preparatoria)

Material: Utilizar una película con contenido semi-violento para adolescentes o niños (de acuerdo al público con el que se esté trabajando). Sugerimos que, de preferencia, se trabaje con alguna de las películas mencionadas por los alumnos en la dinámica anterior.

Duración: Dos horas para ver la película y una hora para la discusión.

Desarrollo: Es importante hacer una introducción en la que se explique cuál es el objetivo que se persigue con la actividad; asimismo, hacer una breve introducción relacionada con los aspectos que se espera que los alumnos tomen en cuenta para el análisis posterior. No está de más poner énfasis en la importancia que tiene el hecho de que el profesor encargado de la actividad deberá conocer la película con anticipación y tendrá que realizar un análisis previo al momento en que ésta sea presentada a los alumnos. También es importante que el profesor tenga una posición clara en relación con lo negativo de las acciones violentas exhibidas en la película, de acuerdo con un proyecto comentado previamente con las autoridades escolares. Asimismo, se debe tener presente la fascinación que la violencia causa en los niños y adolescentes, por lo que cualquier respuesta ambigua ante los alumnos puede entorpecer por completo el proceso de análisis.

Cierre: Después de ver la película, y en relación directa con su anécdota, lo importante será retomar cómo se han presentado las situaciones de violencia. Entre los aspectos que conviene analizar, sugerimos poner énfasis en:

- Lo verosímil de la situación.
- Si las acciones violentas en que se ven involucrados los personajes, constituían la única forma de actuar o si pudieron haber elegido otra forma de resolver sus conflictos.

- A partir de lo anterior, se debe hacer énfasis en el hecho de que llevar a cabo acciones violentas para resolver problemas nunca debe verse como el único camino a seguir, y que en la mayoría de los casos es una opción entre muchas otras. Por ello, los alumnos deben tener claro que al optar por una actitud violenta se enfrentarán consecuencias que seguramente serán lamentables.

- Por último, es importante que se comparen las situaciones exhibidas en la película con otras reales que hayan ocurrido a los alumnos, y que éstos propongan diversas maneras positivas de resolver conflictos como los que se muestran en la película.

Dinámica 3. *Formas diferentes de agresión entre los alumnos, según las distintas etapas de escolaridad*

Objetivo: Que los alumnos reflexionen sobre las diversas manifestaciones de violencia que se dan en su entorno. Para que esto se pueda llevar a cabo de forma más objetiva y evitar la posibilidad de que los alumnos se resistan a informar a las autoridades, una manera efectiva es restando importancia al carácter de denuncia que puede tener la reflexión. Esto se logra si se les pide que comparen los juegos y demás situaciones que se relacionan con actitudes agresivas que mostraron en una etapa anterior de su vida.

Esto mismo sugiere que la actividad deberá restringirse al trabajo con alumnos de los últimos años de primaria, los de secundaria y los de preparatoria, pues los alumnos más pequeños quizá no tengan aún una perspectiva clara de cómo opera el paso del tiempo en el cambio de actitudes, formas de convivencia, y que tampoco sean conscientes de la gravedad que va cobrando el hecho de que adopten nuevos roles sociales, cuenten con más información y pretendan asumir actitudes que los distingan de los niños que fueron (rasgo que caracteriza la conducta adolescente).

Población: 8-18 años (primaria alta, secundaria y preparatoria).

Material: Copias, hojas y lápices.

Duración: Una hora.

Desarrollo:

- Organizar a los alumnos en equipos de cuatro o cinco integrantes para que intercambien experiencias y anécdotas de situaciones que conozcan.
- Pedir a los alumnos que llenen las columnas con las conductas correspondientes (ver cuadro al final de la dinámica). Este trabajo funciona mejor si se realiza en forma anónima.

Cierre: Trabajar con la información que los alumnos pusieron y propiciar la reflexión sobre cómo va cambiando la manera de relacionarse de forma violenta de acuerdo con las distintas etapas de la vida escolar. Se debe hacer énfasis con los alumnos en que, si bien las agresiones no desaparecen, sí se deben buscar otras formas de relacionarse.

	Violencia en primaria	Violencia en secunaria	Diferencias
Violencia intergeneracional			
Violencia intrageneracional			
Violencia entre profesores y alumnos			

Dinámica 4. *Cuestionario de asertividad*

Objetivo: Lograr que los alumnos realicen un proceso de introyección en relación con las diferentes formas en que se pueden enfrentar situaciones y problemas relacionados con el *bullying*.

Población: 11-18 años (quinto y sexto de primaria, secundaria y preparatoria).

Material: Copias, lápices.

Duración: Una hora.

Desarrollo: Pedir a los alumnos que contesten el cuestionario que aparece al final de la dinámica. Es importante no mencionar nada en relación con el significado de las actitudes asertivas antes de dar respuesta, ante todo para no determinar las respuestas de los alumnos. También se debe subrayar la importancia de que contesten las preguntas de la manera más honesta que sea posible. Al terminar de contestar, tienen que contar la puntuación que obtuvieron e interpretarla con base en la tabla que aparece también al final.

Cierre: Una vez que cada uno haya identificado su parámetro como perteneciente a una personalidad pasiva, agresiva o asertiva, es importante ahondar más con los alumnos sobre cuáles son los rasgos que caracterizan a las tres diferentes formas de enfrentar un problema:

- La *actitud pasiva* es común en quienes no asumen responsabilidades ante sus propios problemas y los de los demás; los niños y jóvenes pasivos prefieren perder sus derechos antes que verse involucrados en un enfrentamiento. En general son conformistas y suelen no tener claro qué es lo que quieren. En muchas ocasiones se convierten en víctimas de agresiones y, cuando son testigos, su pasividad se convierte en una forma de complicidad con el agresor.

- La *actitud agresiva* se manifiesta en individuos que actúan impulsivamente de manera violenta, sin realizar un proceso racional de análisis. Les gusta pelear y defienden sus puntos de vista a toda costa, sin que esto implique que crean que tienen la razón, sino que sólo tienen deseos de mostrar que a ellos nada ni nadie los intimida. Además, suponen que la imagen agresiva que exhiben les da un lugar sobresaliente frente a los demás. En ocasiones sus respuestas violentas son desproporcionadas.

- La *actitud asertiva* corresponde a quienes piensan antes de actuar y tienen la capacidad de anticipar las distintas consecuencias que pueda acarrear una situación particular. Una vez que realizan este proceso de análisis por lo común eligen la mejor opción (para ellos y para el grupo). Saben medir las consecuencias de sus actos y las afrontan, no ofrecen respuestas desproporcionadas a las exigencias externas. Su mejor forma de resolver diferencias es mediante el diálogo y la negociación. Les importa ser respetados, pero en una situación conflictiva optan por retirarse (aunque esto les acarree algunas burlas) en lugar de caer en una provocación violenta.

Contesta las siguientes preguntas. Cuando acabes, mira la clave y suma cuántos puntos acumulaste. Después, revisa en qué parámetro quedaste.

1. Si un compañero se sienta en tu lugar y eso te molesta:

a. Te vas a otro lugar, no vale la pena pelear.
b. Le dices que se quite, y no te vas hasta que lo hace.
c. Le dices que por favor se quite, que no te gusta que alguien se siente en tu lugar.

2. Si un compañero toma tu cuaderno sin avisarte:

a. Se lo quitas.
b. Le dices que te lo regrese, que lo necesitas.
c. Se lo dejas y cuando puedas lo recuperas.

3. Cuando una persona hace una fiesta y no te invita:

a. No haces nada, tendrá sus razones.
b. Cuando tú hagas una fiesta, no la vas a invitar.
c. Ni modo.

4. Cuando ves que un niño está molestando a otro niño:

a. Dices algo, pues no está bien.
b. Mejor te das la vuelta.
c. Te da gusto porque el niño a quien molestan te cae mal.

5. Si un compañero te pide que le compres algo en la cafetería a cambio de su amistad:

a. Le dices que sí, que encantado.
b. Lo mandas a volar.
c. Le pides que mejor traiga su dinero.

6. Si te enteras que le están planeando una broma divertida, pero muy pesada, a un compañero (a):

a. Tratas de parar la broma, pues sabes que al otro no le va a gustar.
b. Le entras a la broma con los que la están planeando.
c. Vas y los acusas con la profesora.

7. Si un amigo está tomando mucho en una fiesta para darse valor, pues a la salida se va a pelear:

a. Tomas con él para hacerle compañía.
b. Intentas persuadirlo de que eso está mal.
c. Sigues disfrutando de la fiesta, pues ni siquiera es tu amigo.

8. Si viste que le vaciaron agua de color a un compañero en el asiento:

a. Te ríes mucho cuando se sienta y se mancha.
b. Tú estás haciendo otra cosa y no te importa.
c. Le avisas para que no se manche.

9. Si un par de compañeros te empiezan a golpear sin previo aviso:

a. Les devuelves los golpes.
b. Intentas hacer algo para que dejen de pegarte.
c. Huyes corriendo.

10. Si te invitan a pertenecer a un "club" en donde están la mayoría de tus amigos, pero uno de ellos está excluido:

a. Entras, aunque tu compañero se sienta excluido.
b. La verdad te da igual.
c. Hablas con ellos para que incluyan al otro compañero.

Califica tus preguntas de acuerdo con la siguiente tabla:

1. a = 3 b = 10 c = 0	6. a = 0 b = 10 c = 3
2. a = 10 b = 0 c = 3	7. a =10 b = 0 c = 3
3. a = 0 b= 10 c = 3	8. a =10 b = 3 c = 0
4. a = 0 b = 3 c = 10	9. a =10 b = 0 c = 3
5. a = 3 b = 10 c = 0	10. a =10 b = 3 c = 0

Si obtuviste de 41 a 100 puntos eres un sujeto agresivo. Esto significa que enfrentas las situaciones y los problemas de forma agresiva, antes de pensar, te gusta pelear y defender a toda costa lo que tú crees que está bien o lo que es tuyo. Si obtuviste de 11 a 40 puntos eres un sujeto pasivo. Esto significa que enfrentas las situaciones y los problemas de forma pasiva, no te quieres enfrentar a defender lo que te pertenece, o lo que es tuyo. Si obtuviste de 0 a 10 puntos eres un sujeto que enfrenta las situaciones y los problemas de manera asertiva. Recuerda que la asertividad es una forma de actuar y de pensar basada en el análisis de las situaciones con el fin de poder elegir la mejor de las opciones, la más positiva para uno mismo y para los demás. Por ello es que quien actúa de manera asertiva evita las situaciones conflictivas y se gana el respeto de los demás de manera natural.

Dinámica 5. *¿Qué tan cerca de la línea he estado?* [8]
Objetivo: Lograr que los alumnos "midan" de manera gráfica y ante sus compañeros, la frecuencia con que se han visto involucrados en actos violentos, sea como agresores, como víctimas o como testigos. Es importante poner énfasis en que el hecho de que se acerquen o no a la línea, en cada respuesta, debe ser consecuencia de un proceso de reflexión (así sea mínimo) y de una toma de responsabilidad ante la pregunta propuesta por el profesor que realice la dinámica. Durante la realización de la dinámica los alumnos no deben hablar, el solo acto de dar un paso al frente o atrás se asume como un "sí" o "no" que no acepta respuestas intermedias. Se espera que los movimientos del grupo se vuelvan explícitos y sugieran un sentido que los alumnos habrán de interpretar al final de la dinámica.

Población: 4-18 años (preescolar, primaria, secundaria y preparatoria).

Material: Masking tape y una lista de preguntas (ver las preguntas sugeridas al final de la dinámica).

Duración: Una hora.

---

[8] Esta idea fue tomada de la película *Freedom Writters*, de Richard LaGravenese, 2007

Desarrollo:

- Se pone una línea de masking tape en el suelo, a la mitad del salón y se pide a los alumnos que se sitúen en cualquiera de ambos lados de la línea, lejos de ésta. Se van haciendo preguntas y si un alumno se ve identificado con lo que se pregunta, debe acercarse hasta pisar la línea, y después volver hacia atrás.
- Se sugiere que un alumno elegido al azar permanezca al margen del ejercicio y tome nota del número de alumnos que se acercan a la línea en cada pregunta.

Cierre:

- En principio es importante que los alumnos comenten sus opiniones respecto de la actividad que acaban de realizar, sobre todo en función de la actitud tomada por el grupo, las preguntas que más llamaron a la reflexión, las que tuvieron una respuesta uniforme (tanto negativa como afirmativamente), etc.
- Posteriormente se leerán los datos obtenidos, en orden de mayor a menor frecuencia de respuestas afirmativas. Recuérdese que cada respuesta afirmativa debe expresarse con un paso adelante, hacia la línea.
- Por último, hacer un ejercicio de lluvia de ideas para que los alumnos expresen sus conclusiones en relación con los resultados escuchados.

Las preguntas sugeridas a continuación, fueron pensadas para el trabajo con adolescentes. En caso de trabajar con una población de niños más pequeños, se sugiere hacer otras preguntas, más adecuadas para la edad.

1. Todos los que alguna vez han sido víctimas de acoso verbal.
2. Todos los que alguna vez han sido víctimas de acoso físico.
3. Todos los que alguna vez han sido víctimas de acoso mediante gestos.
4. Todos los que alguna vez han sido víctimas de acoso cibernético.
5. Todos los no han denunciado cuando han sido víctimas de acoso.
6. Todos los que han sido testigos de algún tipo de agresión verbal.
7. Todos los que han sido testigos de algún tipo de agresión física.
8. Todos los que han sido testigos de algún tipo de agresión mediante gestos.
9. Todos los que han sido testigos de algún tipo de agresión cibernética.
10. Todos los que sí han denunciado cuando han sido víctimas de acoso.
11. Todos los que han realizado alguna agresión verbal.
12. Todos los que han realizado alguna agresión física.
13. Todos los que han realizado alguna agresión mediante gestos.

14. Todos los que han realizado alguna agresión cibernética.

15. Todos los que piensan que agredir es parte de crecer.

16. Todos los que creen que los profesores no hacen nada en estos casos.

17. Todos los que alguna vez han hecho una broma y se les pasó la mano.

18. Todos los que reconozcan que hay individuos agresivos en su comunidad escolar.

Dinámica 6. *Construir, deconstruir y reconstruir*

Objetivo: Poder lograr que los alumnos se den cuenta de que ellos tienen el poder de cambiar sus propias historias, tanto en lo escrito como en su vida personal.

Población: 8-18 años (primaria alta, secundaria y preparatoria)

Material: Hojas de block y lápices.

Duración: Una hora.

Desarrollo:

- Se da a los alumnos una frase a partir de la cual se pueda desarrollar una breve historia, con dicha frase debe sugerirse una situación conflictiva, por ejemplo: "Dos chicos de 15 años, con alcohol en el cuerpo, se encuentran en la calle y se pelean a golpes".
- A continuación se les pide que escriban una historia con pasado, presente y futuro. El presente va a tener como base la frase que se les dio —la cual además debe aparecer completa en la historia contada—; pero es importante que cuenten qué pasó antes, es decir, cuáles son los antecedentes, y qué ocurrió después, así como una conclusión o final de la historia. Para este ejercicio cuentan con 20 minutos.
- Cuando terminen, se leerán las historias.

- Posteriormente, se les pide que deconstruyan su historia, es decir que la cambien, ahora sin el ingrediente de violencia: que vuelvan a construir una historia con pasado, presente y futuro, en la cual aparezca la frase sugerida, pero ninguna de las historias debe tener situaciones de violencia. Al finalizar, se vuelven a leer las historias (tanto la primera que hicieron como la segunda) para poder analizar las diferencias.

Cierre: Rescatar las diferencias entre las historias construidas, ver qué elementos son los que hacen la diferencia para que la violencia esté o no presente, por ejemplo, el alcohol, y cómo éste puede propiciar que se detonen comportamientos violentos.

También reflexionar acerca de la posibilidad de que este tipo de reconstrucciones pueda llevarse a cabo en sus propias experiencias, tanto analizando las pasadas como previendo las futuras, teniendo en mente que *siempre* hay más de una opción para responder.

Dinámica 7. *Concurso de carteles sobre la violencia y el* bullying

Objetivo: Con esta dinámica se pretende que los alumnos reflexionen de manera creativa acerca de las implicaciones de la violencia (sus causas, sus consecuencias, sus mecanismos de ejecución, el carácter de los ejecutores y las víctimas, los mitos en torno a ella, etc.). Es importante hacer notar a los alumnos que el pensamiento reflexivo lo mismo puede llevarse a cabo de manera verbal que de forma visual. Asimismo, el coordinador de la actividad debe partir de la idea de que la reflexión y la conceptualización de los fenómenos sociales y emocionales (tanto de manera lingüística como gráfica) es un primer paso para convertir lo irracional en racional. En este sentido, toda reflexión sobre la violencia, bien orientada, la convertirá en problema de análisis y le restará fuerza a su carácter de instinto irreflexivo que se ejerce o se padece de manera irracional.

Población: 4-18 años (preescolar, primaria, secundaria y preparatoria).

Duración: Cuatro sesiones (la primera de media hora, la segunda de una hora, la tercera de dos horas, y la última de una hora) repartidas en días diferentes.

Materia: Hojas de papel bond (para hacer bocetos), cartulinas, pinturas, lápices, premios y/o reconocimientos para los alumnos ganadores.

Desarrollo:

PRIMERA SESIÓN:

- Se darán las bases del concurso (el tema, la manera como deben presentarse los trabajos, el plazo de entrega —marcando una fecha límite muy explícita).
- Explicar la importancia de precisar una buena idea para el cartel (los temas pueden ser, por ejemplo, "No a la violencia", "Acabemos con el *bullying*" "Somos muchos testigos para cada *bully*", etc.).
- Es muy importante explicar a los alumnos que existen dos tipos de carteles: los *informativos*, que contienen muchas palabras e *información*, y los carteles de impacto que llevan pocas o ninguna palabra y se centran en una o varias imágenes. En esta ocasión se trabajará con carteles *de impacto,* ya que la idea es hacer que los alumnos reflexionen sobre cómo transmitir una idea con pocas palabras. Los carteles no deben ser muy complicados, pero sí muy sugerentes; en el caso de los carteles publicitarios a veces es mejor comunicar más ideas con menos signos (incluidas las palabras).
- Necesitarán lápices, una cartulina y pinturas para realizar el trabajo. De ser posible, se debe

presentar a los alumnos las reproducciones de algunos carteles que se tengan a la mano para que conozcan algunos ejemplos.

- Formar equipos de trabajo de 4 personas.

- Antes de terminar la sesión de trabajo se debe advertir a los alumnos que en la siguiente clase se revisarán los bocetos del trabajo de cada equipo.

SEGUNDA SESIÓN:

- Se revisan los borradores preparados por los distintos equipos de trabajo y se dan sugerencias.

- Pedir a los alumnos que para la próxima sesión de trabajo lleven su material (cartulina, pinturas, lápices de colores, botecitos de pintura vinílica o acrílica, pinceles, etc.). Cualquier equipo que no cumpla con esta tarea, quedará descalificado automáticamente del concurso.

TERCERA SESIÓN:

Se pintan los carteles.

CUARTA SESIÓN (Cierre):

- Se convoca a un jurado (puede estar constituido por profesores y/o padres de familia) para que elija los carteles ganadores (sugerimos que se premie a los tres primeros lugares).

- Se lleva a cabo la premiación. Es muy importante hacer énfasis en la utilidad de comunicar cosas tan importantes por medio de imágenes y carteles.

Bibliografía

BAUDRILLARD, J. (2000) *Pantalla total*, Barcelona, Editorial Anagrama.

BEANE, A. L. (2006) *Bullying, aulas libres de acoso*, Barcelona, Edit. Grao.

BÉRUBÉ, L. (1991) *Terminologie de neuropsychologie et de neurologie du comportement*, Montréal, Les Éditions de la Chenelière Inc.

BOGGINO, N. (2005) *Cómo prevenir la violencia en la escuela*, Argentina, Editorial Homosapiens.

BORGES, J. L. (2007) *El Aleph*, Madrid, Alianza Editorial.

CLARIANA, M. (1993) *"Reflexividad-impulsividad y estrategias congnitivas"*, en Revista de Psicología General y Aplicada. España, Vol. 46, No. 2.

CLARK. Ch. S. (2006) *La violencia en la televisión*. México. FCE.

Diccionario de la Lengua Española, (2001) España, Real Academia Española, vigésima segunda edición.

ESCALANTE, F. (2006) *Cómo prevenir conductas destructivas*. México, Editorial Producciones Educación Aplicada.

FAUPEL, A. H.; SHARP, P. (1998) *Anger Management. A Practiacal Guide*. London, David Fulton Publishers.

FREUD, S. (1976), *Conferencias de introducción al psicoanálisis*, Obras Completas, Tomo XVI, Argentina, Amorrortu Editores.

GABARINO, J.; DE LARA, L. (2002) *And the Words Can Hurt Forever*, New York, Free Press.

GARCÍA, S.; RAMOS L. (1998) *Medios de comunicación y violencia*. México, Fondo de Cultura Económica.

GENOVÉS, S. (1993) *Expedición a la violencia*. México, Fondo de Cultura Económico.

GIRARD, R. (1983) *La violencia y lo sagrado*, Barcelona, Editorial Anagrama.

GOLEMAN, D. (1995) *La inteligencia emocional*, México, Editorial Vergara.

HARRIS, S.; PETRIE G. F. (2003) *El acoso en la escuela. Los agresores, las víctimas y los espectadores*. España, Editorial Paidós.

IMBERTI, J. (2001) *Violencia y escuela*. Buenos Aires, Editorial Paidós.

JOHNSON, D. W.; JOHNSON, R. T. (1999) *Cómo reducir la violencia en las escuelas*. Buenos Aires, Editorial Paidós.

LAPLANCHE, J.; PONTALIS, J. B. (1968) *Diccionario de psicoanálisis*. España, Editorial Labor.

MOSLEY, J.; TEW, J. (2000) *Quality Circle Time in the Secondary School. A handbook of Good Practice*. London, David Fulton Publishers.

ORTEGA, R.; DEL REY, R. (2003) *Violencia escolar. Estrategias de prevención*. España, Editorial Grao.

OLWEUS, D. (1993) *Bullying at School.* USA, Blackell Publishing.

RODRÍGUEZ, N. (2006) *Stop Bullying.* España, RBA.

SCHMILL, V. (2003) *Disciplina Inteligente.* México, Producciones Educación Aplicada.

SÁNCHEZ VÁZQUEZ, A. (1998) *El mundo de la violencia.* México, FCE-UNAM.

SHARP, S. (1996) "The role of peers in tackling bullying in schools" en *Educational Psychology in Practice.* UK, Vol 11, No. 4.

SHARP, S; SMITH, P. (1994) *Tackling Bullying in your School,* Engalnd, Ed. Rout.

SHARP, P. (2001) *Nurturing Emotional Literacy.* London, David Fulton Publishers.

SHORE, K. (2005) *The ABC´s of Bullying Prevention,* New York., Dude.

STEWART, J. (2002) *The Anger Workout Book for Teens,* USA, Ed. Pro-Ed.

STORR, A. (1968), *La agresividad humana,* Madrid, Alianza Editorial.

The Metropolitan Toronto School Board, (2004) *El maestro ante la violencia en los medios,* Canadá, Editorial Panorama.

TOMAN, W. (1969) *Family Constelations. Its effects on personality and social behavior. New York, Springler Publishing Company.*

VOORS, W. (2005), *Bullying,* El acoso escolar. Barcelona, Ed. Oniro.

YOUNG, S. (1998) *"The support group approach to bullying in schools". Educational Psychology in Practice.* UK, Vol 14, No. 1.

Sitios de Internet

www.wikipedia.com

Anti-bullying handbook,
    http://www.vuw.ac.nz/educton/antibullying.
    com

Buildding Characheter,
    Inc., http://www.buildingcharachter.org

Bully-Busters,
    http://www.insideouted.com

Bullying,
    http://www.bullyingn.co.uk

Center for the Fourth and Fifth Rs,
    http://www.ortland.edu/www/c4n5rs

Center for the Prevention of School Violencie,
    http://www.ncsu.edu/cpsv

Hurt Free Schools,
    http://www.hurt-free-charachter.com

Kidscape,
    http://www.kidscape.org.uk

North Carolina Carácter Education Partnership,
    http://www.pdi.state.nc.us/nccep

Bullying at schools and what to do about it. Ken Rigby
    http://www.education.unisa.edu.au/bullying/

Bully.Proof Your School,
   http://www.eduactionworld.com/a_admin/
   admin/admin018.shtml

Canadian Children´s Rights Council,
   http://www.canadiancrc.com/Bullying.htm

Chile bullying and school bullying,
   http://www.bullyonline.org/schoolbully/child.htm

Stop bullying before it starts! Sharon Cromwell,
   http://www.education-
   world.com/a_admin/adimn117.shtml

Dealing with bullies,
   http://www.safechild.org/bullies.htm

Take a Stand. Lend a Hand,
   http://www.stopbullyingnow.hrsa.gov

Take action against bullying,
   http://www.bullybeware.com

Teen Touch,
   http://www.teentouch.orgl

Para más sitios en Internet, consulte el libro de
Sandra Harris y Garth F. Petrie, *El acoso en la
escuela*. España, Paidós.

CONTENIDO

Bullying en México, de Paloma Cobo Ocejo
y Romeo Tello Garrido, fue impreso en
marzo de 2008 en Q Graphics, y terminado
en Encuadernaciones Maguntis, ambos en Iz-
tapalapa, México, D.F. Télefono: 56 40 90 62